GELİŞTİREN KİTAPLAR DİZİSİ

Hayallerini "kendi gücüyle" gerçekleştirebileceğine inanan insan şevklidir, inançlıdır ve yaşama sevinci vardır. Unutmayın ki, "Kişinin gelecekteki umudu, onun şimdiki gücünün kaynağıdır."

"Geliştiren Kitaplar Dizisi", okuyucuya, doğuştan hakkı olan umudunu, şevkini, yaşama sevincini ve bunları elde edebilecek gücünü hatırlatmayı amaçlamaktadır. Hayallerinden kendini ayıran cam bölmeyi kaldıracak güç her insanda vardır. Yeter ki insan, kendi iç dünyasının muhteşemliği ve onun sınırsız gücü ile tanışsın, "merhabalaşsın".

Editörlüğünü üstlendiğim "Geliştiren Kitaplar" dizisi bu "merhabalaşma" olanağını size vermeyi amaçlamaktadır.

Doğan Cüceloğlu

Sistem Yayıncılık: 109
Geliştiren Kitaplar Dizisi

Deneme Cesareti
Max Stratejisi
Dale Dauten

Kitabın Özgün Adı
The Max Strategy
William Morrow and Company, New York, 1996
İngilizce'den çeviren: **Abdurrahman Tanrıöver**
Yayına hazırlayan: **Necmi Bayram**

Dizi Yönetmeni: **Doğan Cüceloğlu**
Yayın Yönetmeni: **Osman Akınhay**

Birinci Basım: Şubat 1997/İstanbul
ISBN: 975-322-014-6

Düzenleme: Osman Akınhay
Düzelti: Şermin Yenice
Montaj: Belamir Grafik
Kapak Tasarım: Nazmiye Ece
Cilt: Güven Mücellithanesi
Basım: Kurtiş Matbaacılık

Yayın ve Dağıtım:
SİSTEM YAYINCILIK VE MAT.SAN.TİC.A.Ş.
Tünel, Nergis Sokak, Sistem Apartmanı, No:4 80050 Beyoğlu/İstanbul
Tel: (212) 293 83 72 - pbx Fax: (212) 245 66 14
e-mail: sistem@sistem.com.tr
WWW: www.sistem.com.tr

DENEME CESARETİ

Max Stratejisi

Dale Dauten

İngilizce'den çeviren: Abdurrahman Tanrıöver

SİSTEM YAYINCILIK

GELİŞTİREN KİTAPLAR DİZİSİ

İyi Düşün Doğru Karar Ver (Doğan Cüceloğlu)
Yetişkin Çocuklar (Doğan Cüceloğlu)
İletişim Çatışmaları ve Empati (Üstün Dökmen)
Ayurveda -Strese En Kolay Çözüm (Vesile Bolaç)
Başarı İçin Stratejiler (John Maxwell)
Kendine Güven ve Güç (Les Giblin)
Şefkatli Kapitalizm (Rich DeVos)
İçe Dönük Konuşmanın Gücü (Shad Helmstetter)
Kişiliğinizi Tanıyın (Florence Littauer)
Büyük Düşünmenin Büyüsü (David J. Schwartz)
Mesaj Sizsiniz (Roger Ailes)
Adım Adım Başarıya Giden Yol (Shad Helmstetter)
Uyanın ve Hayal Kurun (Pat Mesiti)
Güdülenmenin Mucizesi (George Shinn)
Sınırlar (Dr. Henri Cloud-Dr. John Townsand)
Kazanan Tutum (John C. Maxwell)
Kral, Savaşçı, Büyücü, Âşık (Robert Moore)
Bizi Biz Yapan Seçimlerimiz (Shad Helmstetter)
Beş Sevgi Dili (Gary Chapman)
Girişimcilik Tutkusu (Michael E. Gerber)
İçimizdeki Biz (Doğan Cüceloğlu)
Hayat Boyu Flört (Zig Ziglar)
Bir Kapı Kapanır, Bir Kapı Açılır (Arthur Pine)
Olumlu Düşünmenin Büyüsü (Norman Vincent Peale)

HILARY, TREVOR VE JOEL İÇİN

Her çocuk sanatçı doğar.
Sorun, sanatçı olarak kalmaktadır.
-PABLO PİCASSO

DENEME CESARETİ
Max Stratejisi

1

Kötü şansın iyiye, iyi şansın da kötüye dönüşebilmesi ne kadar eğlenceli. Artık şansın iyisine de kötüsüne de aklım ermiyor. Yalnızca rastlantılara inandığım bir noktaya gelmiş bulunuyorum.

Sözgelimi, yaşamımın en kötü gecesi olarak başlayan bir geceyi anlatayım size. Chicago'dan evime dönmeye çalışırken, ansızın çıkan bir kar fırtınası O'Hare Havaalanını hava trafiğine kapatmıştı. Mayıs ayı olmasına karşın dışarıda tipi vardı. Chicago'nun normal koşulları açısından çok şiddetli bir tipi değildi. Fakat kar küreme araçları yazlık depolarda bulunduğundan kalkış pistleri sabaha kadar temizlenemeyecekti. (Pek inandırıcı gelmese de, yemin ederim, bize söylenen gerekçe buydu.)

Hangi nedenle kapanmış olursa olsun, yirmi altı saat eski O'Hare Havaalanının terminallerinden birinde mahsur kalmıştım. Doğaldır ki bu benim için kötü bir durumdu. İşim gereği üç gündür Chicago'daydım ve zamanında evime varıp eşim ve kızımla yemeğe çıkabilmek için son toplantıları ekmiştim.

Böylece, binlerce asık suratlı işadamı ve gürültücü aileyle kuşatılmış bir halde havaalanında kalakalmıştım. Ailemle güzel bir restoranda akşam yemeğinde olmak yerine, yanımdaki valizime dayanarak takım elbiselerimle yerde oturmuş, kendimi satıcı makinada kalan son bir çift çikolatayı yavaş yavaş yemeye zorluyordum.

Makinadan aldığım çikolatayı yiyip hoş olmayan şeyler düşünürken, çevresindeki çocuklarla soytarılık eden yaşlı bir adam dikkatimi çekti. Adamın oynadığı çocuklarla birlikte yolculuk yapmadığı açıktı. Kendisini, terminaldeki okul öncesi çocukların yarısına Eğlence Yönetmeni olarak atamıştı sanki. Avare kılıklı, ekose pantolonlu, polo gömlekli ve kovboy kravatlı bu iriyarı adamın yaşı yetmişe yakındı. Bir köşeye oturup sessizce ölümden sonraki yaşamı düşünmesi gereken bu ihtiyar keçinin, havaalanının tekerlekli sandalyesiyle çocukları eğlendirmesi beni çok etkilemişti. Orada çocuklarla itişip duruyordu. Çocukların yaptığı herşeyi histerik buluyor ve güldüğü zaman ağzındaki bütün dişleri ortaya çıkıyordu.

Keşke kreşini salonun aşağısına götürseydi de sessiz sessiz somurtmaya devam etseydim. (Ben sefil bir halde durup o eğlenirken, kendimi üstün görebiliyordum. Bu, o andaki en baskın duygumdu.) Sonunda yaşlı çocuk yoruldu. Ama nereye yöneldi, dersiniz? Bir kedinin odada nefret ettiği diğer kediyi köşeye sıkıştırması gibi tam benim önüme gelip durdu. Bir mendille terlerini sildi ve nefes nefese sırtını duvara dayayıp çömeldi: "Merhaba, merhaba arkadaşım." Sonra, yanıt vermemi bile beklemeden, yeni tanıştığı küçük arkadaşlarının yaşam öykülerini anlatmaya başladı; biri altı kardeşmiş, diğerinin kırık bileğinde bir alçı varmış, vs.

Oturduğu yere kurularak sıradan espriler yapmaya başladı. Bunlardan bir tanesi şöyleydi: "Bir Unitarian ile Seventh Day Adventist'i birleştirirseniz ne elde edersiniz? Yanıt: Nedensiz yere kapınızı çalan birisi."*

İŞİNİZDE MUTLU MUSUNUZ?

Daha sonra eşim, kızım ve memleketim hakkında meraklı sorular sormaya başladı. Ondan sonra da işimi, ne yaptığımı, nerede ve nasıl çalıştığımı sordu.

Sorulardan birçoğunu yanıtlarken, bazılarını espri yaparak savuşturdum. Çok geçmeden esprilerimin onun sorularını karşılamaya yetmediğini anlamıştım. Nihayet beni sarsan soruyu sordu: "İşinde mutlu musun?"

Vakit bir hayli geç olmuş, nezaketimin yerini yorgunluğum ve kızgınlığım almıştı. Doğru ve sert bir yanıt verdim. Ne yaptığımı bilmeden, unutmaya çalıştığım bütün aksilikler, biriken tozlar gibi ruhumda toplanan hayal kırıklıklarını dışa vuruvermişti.

"Otuz beş yaşındayım," diye anlatmaya başladım. "Yaklaşık on beş yıldır çalışıyorum. On beş yılda yaptığım

---

*) Bir mezhebin üyesi olan Seventh-Day Adventist'ler kapı kapı dolaşıp dini propaganda yaparlarken, inanç özgürlüğünü savunan bir mezhebin üyesi olan Unitarian'lar dini propaganda yapmazlar. (ç.n.)

neleri gösterebilirim? Neleri başardığımı söyleyebilirim? Bütün söyleyebileceğim şu: 'İyi bir ikramiye paketim var.' Peki, bu nasıl bir anlaşma? Ben sadık, çok çalışkan bir adamımdır. Daima doğru ve akıllı şeyler yaptım. Kendi payıma düşen sorumlulukları yerine getirdim. Fakat kariyerimde hızlı ilerleyemedim. Ne zaman durumumdan yakınacak olsam hep aynı yanıtı aldım: 'En azından bir işin var.' Hey, benden ağzımı açmayıp şükretmem mi bekleniyor? 'Yaşam henüz ölmemiş olmaktan başka bir şey değildir,' demeye benziyor bu. "

Yanıma oturmaktan pişman olup olmadığını merak ederek, yaşlı adama sertçe baktım. O an benim için önemi yoktu.

Fakat yaşlı adamın yüz ifadeleri dinlediği şeylere şaşırmadığını gösteriyordu. Aksine, eğitimcilere yakışır bir merakla, kırlaşmış başını hafifce sallayarak devam etmemi rica etti.

"Birlikte çalıştığım insanlar çok iyidir," dedim. "Sorun insanlar değil. Sorun işin kendisi de değil. İşimin zor olduğu söylenemez. Sadece bir iş işte. Bütün yaptığım çalışmak. Haftada elli saat çalışırım. Haftalar haftaları kovalar ve bir bakmışsınız, bir yıl daha bitivermiş. Sonuçta çok küçük bir zam alırsınız. Patron 'Keşke daha fazla verebilseydim,' der. Size karşı omzunu silkerek durumun mutlaka düzeleceğini söyler. Aslında buna kendisi de inanmaz.

"Böylece bugünlerde herkeste olduğu gibi ben de kapana kısılmış durumdayım. Biliyorum, herşey daha kötü olabilirdi. Fakat işlerin daha iyi gittiğini göremiyorum. Ekonomi bazı alanlarda iyiye gitse bile, Amerikan endüstrisinin tepe noktasına ulaşıp tekrar inişe geçtiğini hepimiz biliyoruz. Herkes, şirketlerin yeni organizasyonlara gittiğini gösteren korkunç öyküler duyuyor. Herkesin aylardır, hatta yıllardır işsiz bekleyen arkadaşları var. Ve hâlâ *iyi* bir ekonominin var olduğu söyleniyor. Bir de durum hakikaten kötüleştiği zaman neler olabileceğini düşünün.

"Sıkıntılıyım. Gerçekten korkuyorum. Birkaç ayda bir, yaşamımın böyle rutin biçimde tükenmesine izin veremeyeceğimi düşünmeye başlıyorum. Şansımı deneyip cesur olmaya ve rüyalarımı yaşamaya ihtiyaç duyuyorum. Birkaç ayda bir, yeni çıkan 'Kendi İşinizi Nasıl Kurabilirsiniz?' türünden kitaplar alıyor, yeni bir hayalin peşinden koşturmayı istiyorum. Birkaç amaç belirleyip bir iş kurmak amacıyla para biriktirmeye başlıyorum. Ama hemen karımı, bir çocuğumuzu, evimizin borcunu ve diğer sorumlulukları düşünerek çizmeyi aşacak kadar ileri gitmiyorum."

KURTULUŞ

Yaşlı adama kendi şirketimi kurma öykümü anlatıp anlatmamayı düşündüm. Kendi şirketimi kurmam arkadaşlarım için tam bir sürpriz olmuştu. Arkadaşlarım şirketin planlanması aşamasındaki coşkumu anımsayıp çocukça beklentilerimin yol açtığı hataları eleştirirler. Bu eleştirilerden hep kaçındım, fakat şirketin kuruluşundan itibaren daha ileri gitmeye karar verdim.

"Bir kez şansımı zorlamaya karar vermiştim. İki arkadaşımla birlikte paralarımızı birleştirerek küçük bir iş kurduk: bir fotokopi dükkânı açtık. Üç ortaktık. Birimiz işleri yürütüyordu. İşlerin iyiye gitmesi halinde, yeni dükkânlar açıp sırayla hepimiz işin başında durmayı planlıyorduk."

Bunun üzerine, "Peki işler nasıl gitti?" diye sordu, çok dikkatli bir şekilde dinleyerek.

"Şey, yatırdığımız parayı kaybettik. Daha sonra işi bırakmayıp biraz daha para koyduk. Biriktirdiğim paraları kaybettim. İki arkadaşımı kaybettim. Hayallerimi kaybettim. Herşey bittikten sonra biliyor musunuz bana ne dediler? 'En azından hâlâ bir işin var.'"

GELECEK

"Birkaç yıl içinde, cesaretim olursa belki tekrar denerim," dedim, kendim de tam inanmayarak. "Tekrar denemek için param olup olmayacağını bilmiyorum. Birkaç ayda bir sözü edilen işçi çıkarma ihtimaline karşı bir kenara para koymalıyım. Bir çocuğun üniversiteye gidebilmesinin maliyetini gösteren ilanları her görüşümde, daha para biriktirmeye başlamadığım için kendimi aptal gibi hissediyorum. Tabii emeklilik planını da unutmayalım. Vauv! Emeklilik. Sonunda 'En azından bir işim var' demek zorunda kalmayacağım. Onun yerine, 'En azından henüz ölmedim,' diyebilirim."

Sonunda sustum. Çok ileri gitmiştim. Belki yaşlı adam

da emekliydi ve bütün istediği bana arkadaşlık etmekti. Sorunlarımla onu rahatsız etmeye hakkım yoktu. Ondan özür diledim.

Yaşlı adam, yeni bir bitki türüyle karşılaşmış bir botanikçi gibi, bana bakmaya devam ediyordu ve özür dilememi umursamayarak, "Zaten yabancılar başka neye yarar?" dedi. Bu iğneleyici bir ifadeye benziyordu, ama öyle gelmemişti. Adamın o kadar etkileyici bir duruşu vardı ki, bu kadar karamsarca konuşmaktan pişman olmuştum.

Tam yorum yapmaya hazırlanırken, çocuklar çetesi onun yerini keşfetti. Başka bir lanet olası tekerlekli sandalye bulmuşlardı.

Hem itiraz edip hem gülerek, çocukların kendisini ellerinden çekip ayağa kaldırmalarına izin verdi. Bana doğru dönüp elini omzuma koyarak pozitif enerjisini bana aktardı. Ardından yedi-sekiz çocukla dans etmeye başladı. Çocukların hepsinin yaşını toplasanız, onun yaşı kadar etmezdi. Ben de tekrar okumaya çalıştım, fakat aklım karmakarışık olmuştu.

İKİNCİ YABANCI

Birkaç dakika sonra ikinci bir yabancı çıkageldi. Bu kez gelen genç bir kadındı. Genç kadın önümde diz çöktü ve sallanarak hareket eden tekerlekli sandalyeyi işaret etti. "O adamla birlikte misiniz?" diye sordu, mutlu bir yüz ifadesiyle.

Kovboy kravatlı ve ekose pantolonlu bir adamla seyahat edemeyecek kadar kültürlü olduğumu ima etmek istercesine güldüm ve "Hayır, hayır," diyerek yanıtladım.

"Aa, çok kötü" dedi kadın, derin bir hayal kırıklığıyla. Şaşırdığımı anlayabiliyordu. Bunun üzerine şunu sordu: "Yani onun kim olduğunu bilmediğinizi mi söylemek istiyorsunuz?"

Bu tuhaf kuş, meğer büyük servet yapmış bir mucit ve girişimciymiş. Bana adını da söyledi: Max Elmore. Adını daha önce hiç duymadığım halde, bir sürü sanayici ve politikacının arkadaşı olduğunu öğrendim. Başkanlar bile tavsiyelerini almak için onu davet ederlermiş.

Kendimi ne kadar küçük hissettiğimi tahmin edebilirsiniz. Onun fikirlerini alacağım yerde, yaptığım tek şey kendi kariyerimden şikayet etmek olmuştu. Kendimi ona tanıtmamıştım bile. Ne kartvizitimi, ne de her zaman çantamda taşıdığım tanıtımımı vermiştim. Eğer geri gelseydi -ama niye geri gelsindi ki?- vermiş olduğum berbat izlenimi telafi etmeye çalışacaktım. Hay kötü talih, diye düşündüm.

2

Yaşlı arkadaşım yaklaşık bir saat sonra tekrar geldi. Daha önceki gibi, nefes nefese ve yerinde duramadan sırtını duvara dayayarak vücudunu aşağı kaydırdı.

İlk karşılaşmamızda o kadar aptalca davranmıştım ki, ikinci bir konuşma şansı yakaladığımda ona yaltaklanmanın bir yararı olmayacağına karar vermiştim. Sadece onu konuşturmayı ve mümkün olduğu kadar çok şey öğrenmeyi istiyordum.

AYNI LANET ŞEY

Anlam veremediğim bir bakışla bana bakıp, "Seni düşünüyordum," dedi. "Ekonomik değişikliklerin birey üzerindeki etkisini çok iyi anlattın. Bunu senden daha iyi yapanı hiç duymamıştım."

Öyle, diye düşündüm, en azından bir konuda güven veriyorum: Sızlanıyorsam bile, hiç olmazsa dünyanın en iyi sızlananlarından birisiyim.

Adam birlikte oynadığı çocuklardan birine el sallayarak devam etti: "Şu küçük çocuklar benim yaşlı kemiklerimi kırmaya çalışırken, söylediklerini düşünüyordum. İki şey geldi aklıma. Birisi, sanırım Edna St. Vincent Millay'ın bir sözü: 'Yaşam, bir sürü lanet şeyin birbirini izlediği bir şey değildir; yaşam sürekli tekrarlanan tek bir lanet şeydir.'"

Burada durup kişneyen kahkahalarından birini attı. Gülmesine devam ederken de ekledi: "Ondan sonra dünyanın en garip sözcüğü aklıma geliverdi. Bu, on ya da yirmi yıldır duymadığım bir sözcük. Asla tahmin edemezsin."

"*Groovy*?"

"Güzel!" diye bağırdı. "O da komik, fakat *groovy* değil. *Stagflation*. Hatırladın mı?"

Hatırlamıştım. Onda öyle bir izlenim bırakmıştım ki, sanki "durgunluk" ile "enflasyon" benim kişiliğimde birleşmişti.

"Bu sözcüğü düşündüm," dedi "çünkü bu sözcük kullanılıncaya kadar, ekonomistler enflasyon ile ekonomik durgunluğun birarada olamayacağını söylüyorlardı. Yani, ya enflasyon ya da ekonomik durgunluk olur, ikisi birden olmazdı. Siz de ekonomomizin yarattığı, birarada bulunması mümkün olmayan sözcük çiftini, başka bir düzeyde, çalışan gözüyle gösterdiniz. Bu sözcük çifti 'can sıkıntısı' ile 'korku'dur. Bu iki sözcüğün birarada bulunabileceğini düşünmezsiniz belki, ama öyle. İnsanlar istemedikleri işlerde çalışıyor ve bu işleri kaybetmekten korkuyorlar."

Bir süre daha konuştuk. Sonra bu durumu bir *kariyer stagflasyonu* olarak adlandırdı. Normalde bir çalışanın sorumlulukları artarken, bunun karşılığında aldığı ödüller de artardı. Oysa bugünlerde çalışanlardan yapmaları istenen şeyler artarken, ücretleri aynı kalmaktadır.

TATMİN EDİCİ BİR KARİYER ARAMA

Konuşmamızı onda yoğunlaştırmaya çalıştığım halde, bana soru sormaya devam ediyordu. Özellikle kendi alışkanlıklarımdan kurtulup tatmin edici bir kariyer bulmak için yaptığım şeylerle ilgileniyordu.

Çantamın yanındaki bloknotumu ödünç istedi, sonra not almaya hazırlanarak ceketinin cebinden bir tükenmez kalem çıkardı. İnanın, devlet başkanlarının arkadaşı olan bu kişinin bana ilgi göstermesinden çok etkilenmiştim.

YİRMİNCİ YÜZYILIN KENDİ KENDİNE YARDIM ETME AKILLILIĞI

"Bana başarı stratejinizi, ilerleme felsefenizi anlatın," diyerek ısrar etti.

Onlarca "Kendi Kendine Yardım" kitabı okuduğum halde, bir stratejim ve felsefemin olduğundan emin değildim. Bu nedenle, hayran kaldığım kitaplar üzerine konuşmaya başladım. Max, yirminci yüzyılın sonunda görülen kendi kendine yardım etme akıllılığını bir çırpıda özetleyerek, bu düşünceleri iki kategoriye ayırdı.

İlk ana bölüm, "Amaç Belirleme"ydi. Burada, geleneksel aklın bir dizi klişe cümlesini listelemiştik: "Gitmek istediğiniz yeri bilmiyorsanız, oraya asla gidemezsiniz. Gözünüzü ufuktan ayırmayın. Yaşamdan beklediklerinizi elde edebilirsiniz. Yaşamınızı kontrol altına alın."

İkinci bölüm, "Tutum Değiştirme"yle ilgiliydi. Başlığı ben önerdiğim için biraz gurur bile duydum: "Yeni Bir Siz Yaratın." Burada olumsuz düşüncelerden kurtulmakla ilgili maddeler vardı. Olumsuz düşüncelerin "kokuşmuş düşünceler" ve "kategorilerin sertleşmesi" şeklinde adlandırıldığını duymuştum. Bundan başka, sınırlayıcı düşüncelerden kurtulma ve bunları başarı, güç, enerji ve çok çalışma gibi olumlu mesajlarla değiştirme üzerine net olmayan görüşler vardı. Son madde için şunu önerdim: "Tekerleği yeniden icat etmeyin, başarınızı başka insanların başarıları üzerine kurun."

Ben konuşmamı, o da yazmayı bitirdikten sonra, yaşlı arkadaşım elindeki bloknotu bana doğru çevirip sordu: "Tamam mı? Başarı konusunda en iyi düşüncelerin özeti mi bu?" Ben de onayladım.

"Bu sayfayı görebileceğin bir yere yapıştırmanı istiyorum," dedi. "Banyo aynası, buzdolabının üstü, masanın yanı, istediğin bir yere as. Fakat bunu vermeden önce bir şey yapmak istiyorum."

Eline kalemi alarak yazdıklarının üzerine kocaman bir X işareti koydu.

3

Üzerine çarpı çektiği sayfayı bana verdikten sonra bloknotu tekrar alarak büyük harflerle birkaç sözcük yazdı. Yeni yazdığı sayfayı bloknottan koparıp bana uzattı ve "Bu sayfayı da diğerinin yanına as, tamam mı?" dedi.

Sonra ayağa kalktı ve bir havayolları çalışanının ardından bağırarak uzun adımlarla uzaklaştı. İkinci sayfa aynen şöyleydi...

DENEYLER

ASLA

SONUÇSUZ

KALMAZ

4

Yaşamış olduğum şaşkınlığı kolayca tahmin edebilirsiniz sanırım. Şimdiye kadar rastladığım en başarılı insan, başarı hakkında öğrendiğim herşeyin üzerini çiziyor ve onun yerine sadece üç sözcük, daha önce duymadığım ve bana pek inandırıcı da gelmeyen üç sözcük öneriyordu.

Havaalanı iyice sessizleşmişti. Birisi tavandaki lambaların çoğunu kapatmıştı. Pencereden bakınca dışarıdaki kırmızı, mavi ve sarı-turuncu lambaların arasından karın yağışı görülebiliyordu. Bavullarına yaslanan insanlar uyumaya başlamışlardı. Ama ben değil. Ben uyanıktım ve başarısızlıkla sonuçlanan girişimlerimi kafamda toparlamaya çalışıyordum.

Çok şükür, Max geri geldi. Gelmeseydi, yaşamımın kalan süresinde ne zaman birisinden *amaçlar* ya da *deney* sözcüklerini duysam, tekrar aklım karışırdı.

Nasıl bulduysa, ikimize de birer sandviç ve kola getirmişti. Deneylere ilişkin bir şeyler sormaya çalıştım, fakat o yeni tanıştığı bir havaalanı görevlisinin öyküsünü anlatmaya başlayarak beni susturdu. Sonunda konuşmayı tekrar "Deneyler Asla Sonuçsuz Kalmaz"a getirdiğimde, önce diğer sayfayı, yani benim şimdiki "başarı stratejimi" konuşmamız gerektiğinde ısrar etti.

Onun dediklerini yaparak ilk sayfayı tekrar elime alıp ilk bölümü, yani amaç belirleme bölümünü tekrar okudum.

YİNE AMAÇ BELİRLEME

İlk yorumu şuydu: "Biliyorsun, etrafımdaki insanlara, bütün iş problemlerinin çözümünün *tutku* olduğunu anlatırım. Bu doğru. İnsanlar sevdikleri işleri yaparsa, o işte uzun saatler çalışmaktan rahatsız olmazlar ve sorunları çözmekten aldıkları zevk, yaratıcılığın doğal bir şekilde ortaya çıktığını gösterir. Herşey, çok çalışmayla ve yaratıcılıkla yerini bulur. Onun için bugünlerde herkesin söylediği öneriyi tekrarlayacağım: Sevdiğiniz işi yapın!

"Bu iyi bir öneri. Fakat sorun şurada: Çoğu kimse hangi işi sevdiğini, bütün gün, her gün, yaşamının sonuna kadar hangi işi yapmak istediğini bilmez. Tenis oynamayı sevip dünya çapında bir tenisçi olmak isteyebilirler, fakat bir tenis yıldızı olmanın yeteneklerini aştığını da iyi bilirler. Öyleyse yapabilecekleri başka ne kalmıştır?

"İnsanların çoğu tutkulu olduklarını kolay kolay kabul etmezler; nedense tutkunun kendilerini adeta bir pelte gibi gösterdiğini sanırlar. Evet, tutkumun ne olduğundan emin değilim, fakat *insanlarla çalışmayı* sevdiğimi biliyorum." Sözünün burasında teatral bir tavırla iç geçirdi. "İnsanlarla yapılmayan tek iş, herhalde Afrika'ya gidip şempanzeler arasında yaşamaktır." Gülmemi bitirdikten sonra tamamladı: "Ya da, 'Büyüyünce ne olmak istediğimi bilmiyorum' diyerek konudan uzaklaşırlar."

Max bir an için tavana bakarken ben sessizce bekledim. Ardından melankolik bir sesle devam etti: "Böyle konuşan insanları kim suçlayabilir ki? Çoğu kimse kariyer tutkusu nedir bilmeden yaşar. Büyürken ana babaları onları sadece spor yapmaları için teşvik etmiştir. Sonuçta, çocuk profesyonel bir sporcu olmayacağını anladığı zaman, büyük bir boşluğa düşer ve çoğunlukla bu boşluk doldurulamaz.

"Hep merak etmişimdir, ana babalar çocukları sporcu olsun diye harcadıkları enerjiyi müziğe, dil öğrenmeye ya da bilime verselerdi, toplumumuz şimdi hangi noktada olurdu?"

AMAÇ ZEHİRLENMESİ VE EN APTAL SORU

Max sanki dışarı bir fikir çıkartacakmış gibi taranmamış başını salladı. "Konudan ayrılmama izin vermeyin. Benim esas savunduğum nokta şuydu: Kafanızda ideal bir kariyer yoksa, kendinizi eksik ya da yalnız hissedersiniz.

"Öte yandan, harika bir kariyer hayaliniz olsa bile, buna çok fazla güvenemezsiniz. Ülkenin her tarafında psikologların büroları, *'Her zaman istediğim bir işim oldu, gene de mutsuzum'* diye yakınan insanlarla dolup taşıyor. Onlar planlamayı aşırı önemsemenin sancısını çekiyorlar ve benim *amaç zehirlenmesi* adını verdiğim bir hastalığa yakalanmış durumdalar." Max'in enerjisi geri gelmişti. Bana göz kırpıyordu.

Belki beni kaybetmekte olduğunu düşünmüştü. Çünkü birden ayağa kalkarak dolaşmamızı teklif etti.

"Bu kadar derin düşünmek yeter," dedi "Biraz da örneklerden konuşalım. Size bazı isimler söyleyeceğim. Hepsi de yaşamlarının bir noktasında kariyer amaçlarını değiştiren insanlar. Eğer ilk düşledikleri kariyere sıkı sıkı yapışıp azimle yürüselerdi, ne olacağını size söyleyeyim."

Max sanki sinek avlıyormuş gibi havadan isimler tutuyor ve bu kişilerin ilk rüyalarına takılıp kalsalardı şimdi ne yapıyor olacaklarını söylüyordu. Aşağıdaki isimler benim hatırlayabildiklerim:

John Wooden bir inşaat mühendisi olacaktı.

Rod Serling bir beden eğitimi öğretmeni olacaktı.

Reggie Jackson futbolcu kalacaktı.

Rush Limbaugh hâlâ bir beyzbol takımının halkla ilişkiler sorumlusu olacaktı.

Joan Rivers bir mağaza yöneticisi olacaktı.

Mary Kay Ash eğitim yöneticiliğinden emekli olacaktı.

Chuck Daly bir okul müdürü, belki bir CIA görevlisi olacaktı.

Samuel Goldwyn bir eldiven yapımcısı olacak, Samuel Goldfish ismini değiştirmeyecekti.

Boris Yeltsin bir taşarón olacaktı.

Max'in listesi kaybettiği kızkardeşini bulamayan bir kadın tarafından kesildi. Yaşlı adam doğal bir şekilde duruma el koydu ve hepimizi bir arama ekibi şeklinde örgütledi. Kadının kız kardeşini bulur bulmaz da amaç belirleme tartışmasına döndü.

"Zeki insanların sorduğu en aptalca soru, 'Beş yılda nereye varmak istersiniz?' sorusudur. Bereket versin, kırk yıldır iş görüşmesi yapmıyorum. 'Nereye varmak istiyorsunuz?' türü sorulardan nefret ediyorum. Gelecekte daha farklı bir kişi olmayı planlıyorum. Bugünden itibaren beş yıl içinde *kim* ve *nerede* olmak istediğimi bilmiyorum."

SIÇRAMA

Bu hızlı açıklamalar pratik bir duruma uygulanamazmış gibi geliyordu. İtiraz etmek için araya girdim: "Bir amacınız yoksa, gelişmenizi ölçemezsiniz. Demek ki, sürecin ortasında düzeltme yapamazsınız. Orada burada *zıplar durursunuz.*"

"Zıplamayı hor görme," diye bağırdı ve havlıyormuş gibi güldü. "Yaşam bir zıplamadır!"

Omuzumu tutup sıktı. "Bu bölüm kolay olmayacak. Benden ayrılma..."

TEK AMAÇ

Max devam etti: "Bizim toplumumuz zamana ve ilerlemeye doğrusal bakar. Okullarımız bunu geçişme denilen şeyle öğretir; yaşam bir ödevler, öğrenilmesi gereken beceriler, geçilmesi gereken sınıflar dizisidir. Bir amaç belirleyip o amaç doğrultusunda çalışın.

"Fakat yaşam düzenli değildir. Dersleri düzensizdir. Yaşam öğretmenin kâbusudur." Onu izleyip izlemediğimi anlamak istercesine bana baktı. Ben de dinlediklerimi başımla onayladım.

"Amaç belirleme size kontrol altında olduğunuz duygusunu verir," dedi ve sustu. Hâlâ elimde duran "Başarı Stratejisi" sayfasını işaret ederek onu görmek istediğini söyledi.

"Buraya bakın. Siz bu kâğıda 'Yaşamınızı Kontrol Etme'nin maddelerini sıraladınız. HA! Yaşam göründüğü kadar evcil değildir. Yaşama yapması gerekeni söylemeyi denemekten vazgeçtim, çünkü bizi hiçbir zaman dinlemiyor."

Max hiçbir şey başaramamanın sırlarını açıklıyormuş gibi geldi. Dilimi ısırdım ve devam etmesini istedim.

"Çoğu kimse, kendi alışkanlıklarından kurtulmak için amaçlar belirler." Daha sonra kendinden memnun bir yüz ifadesiyle, cümleyi daha sesli biçimde yineledi: "*Bugünün amacı yarının alışkanlıklarıdır.*"

Sonra "Benim sahip olduğum tek bir amaç var," dedi "Öğrenmek ister misin?"

İstediğimi söyledim.

"Yarın, bugünkünden farklı bir kişi olmak."

5

Aklımın yatmadığını görebiliyordu. "Belki bunu çok kolay sanıyorsun," dedi. Ben de ne düşündüğümden emin değilim anlamında omuzlarımı silktim.

"Benim tek ve küçük amacım o kadar kolay değildir" dedi ve ekledi: "*Her gün* farklı olmak? Bu, daha iyi olmak için sahip olduğun tek şeydir. *Farklılaşmadan* daha iyi olamazsın. Her Allahın günü. İnan bana, bu seni çok zorlar. Hayır, kolay bir çıkış yolu önermiyorum; yorucu ve insanı zorlayan bir yol bu. Aynı zamanda da heyecanlı ve *canlı* bir çıkış yolu."

İtiraz etmek istiyordum, fakat Max sıkı sıkı öğütler vermeyi sürdürüyordu: "Yaşam bir evrimdir. Evrimin güzelliği ise nerede biteceğinin asla bilinememesi. İlk kez karaya vuran balığın uzun vadeli amacı olduğunu düşünür müsünüz? Balık şöyle düşünmüş olabilir: 'Eğer bunu yapabilirsem, bir gün ayakları olan ve karada yaşayan bir balık türü ortaya çıkabilir. Bu karada yaşayan balık sonuçta otomobil kullanır, alışverişe çıkar ve bir yerde otururken pasta yeyip kahve içebilir.'"

Max Elmore'un insanı düşündürme becerisine sahip olduğunu kabul etmek zorundaydım. Buna rağmen çok hızlı gidiyordu. Bazı konularda aynı düşünüyordum: Almış olduğum kendi kendine yardım programları hiçbir işe yaramamıştı. Yaşamımı incelemiş, büyük değişiklikler yapmam gerektiğine karar vermiştim. Yeni bir alanda yeniden kariyerime başlamak amacıyla, on yıl içinde en az dört kez üniversite katalogları doldurup göndermiştim. Fakat hiçbir şey değişmedi. Amaçlarım kelimenin tam anlamıyla yok oldu gitti.

YAPMAK VE NELER OLACAĞINI GÖRMEK

"Seni ikna edebildim mi?" diye sordu sırıtarak.

"Belki," diye yanıtladım ben de.

"Yeterli olmadı. Gerçekten başarılı olan insanlardan konuşsaydık daha yararlı olabilirdi. Bilgisayar sanayiine bakalım. Steve Wozniak'ın ilk Apple bilgisayarı neden yaptığını biliyor musun?"

"Hayır."

"Onun amacı ne dünyayı değiştirmek ne de büyük bir şirketi yönetmekti. O zamanlar -çok önceleri değil, daha yetmişlerin ortalarında- ilk ev bilgisayarları hobi aletlerinden yapılmıştı. Wozniak, Apple bilgisayarı Homebrew bilgisayar kulübündeki arkadaşlarına gösteriş yapmak amacıyla imal eden bir mühendisti. Gösteriş yapmaktan başka bir amacı yoktu. Hatta Apple bilgisayarı pazarlamak bile Wozniak'ın değil, arkadaşı Steve Jobs'un fikriydi. Wozniak'ın Apple II'si, renkli ekranlı bir bilgisayar yapılabileceğini kanıtlayacaktı."

Sonra, Microsoft'un kurucusu Bill Gates'in öyküsünü bilip bilmediğimi sordu. "Gates çok zengin olmasının bir rastlantıya bağlı olduğunu kabul eder," dedi. "Gates hiçbir zaman parayla hareket etmediğini ısrarla söyler. Onu neyin motive ettiğini biliyor musun?"

Max neredeyse bağırıyordu: "Bilgisayarların *'düzgün'* olması. *Düzgün* Gates'in deyimidir. O bütün amacının bilgisayarların işleri 'farklı ' yapmalarının yollarını bulmak olduğunu söyler. Bu da kendi deyimidir: *farklı olarak*.

"Mucitler ya da buluş yapanlarla konuşursanız, *farklı* sözcüğüyle birlikte gösteriş yapma fikri de doğar. Başarılı olanlar nereye yöneldiklerini bilmezler; sadece denemeyi ve bekleyip görmeyi düşünürler. Aslında en sevdiğim ifade şudur: "Bir şeyler yap ve neler olacağını gör."

Bazı şeyler beni rahatsız ediyordu. Bu nedenle sözünü kestim. "'Amaç yok. Denemek var,' diyorsunuz. Güzel de, o zaman başarı rastlantılara bağlı kalmıyor mu?"

Benimle tartışmak yerine, kolunu omzuma dolayarak öyle bir sıktı ki bağırmak istedim. O anda gürledi: "Şimdi *ısınmaya* başlıyorsun!"

ARKADAŞÇA ŞANS

Max, kar fırtınası havaalanını kapatmamış olsaydı, deney yapma konusunda konuşmak üzere Londra'ya gidiyor olacağını söyledi. Kafasını sallayarak, "Birkaç saat içinde beni dinlemeyi umarak pahalı bir otele gelecek üç yüz kişi var. Ne kötü bir durum," dedi. Kenardaki bavullara doğru yürüdü, oradan küçük çantasını çıkardı ve toplantıda konuşacağı konulara ilişkin notlarıyla geri geldi. "Sonra," dedi, "Beni dinlemeye gelenler o kadar çok şarap içecekler ki, bunların yarısı ertesi gün arkadaşlarına benim konuşmamı izlediklerini, ama tek kelime dahi hatırlamadıklarını söyleyecek ve demek ki benim abartılmış olduğuma karar verecekler."

Gözleriyle etrafımızda öylesine dolaşan yolcuları taradı. "Belki," dedi fısıldayan bir sesle, "Konuşmamı burada, terminalde yapmalıyım." Onu tanıdığım kadarıyla böyle bir şey yapabilirdi.

Bunun yerine, konuşmasında, ekonomist Burton Malkiel'in hisse senedi seçimine ilişkin çalışmasını tartıştığı bölüme döndü. Bu "rastgele yürüme" öyküsünü daha önce duymuş, fakat bunun hisse senedi almanın dışında bir örneğini hiç düşünmemiştim. Ama o çok sayıda örnek düşünmüştü.

"Malkiel hayali bir yazı tura yarışması tasarlamış. Yarışmaya bin kişi katılıyor; tura atanlar kazanırken, yazı atanlar kaybediyor. Bin kişi atış yapıyor ve yazı atan yaklaşık beş yüz kişi kaybediyor. Sonra, ilk seferinde tura atıp kazanan beş yüz kişi bir daha atıyor. Yedi atıştan sonra, sadece sekiz kişi kalıyor."

Max burada konuşma notlarını vererek devam etti: "Sekiz yarışmacı kalıncaya kadar, usta 'yazı-turacı'ların yeteneklerini izlemek isteyen bir kalabalık toplanır. Kazananlar övgü yağmuruna tutulur. Yazı-tura atma sanatının dahileri olarak tebrik edilir, buna göre biyografileri yazılır ve insanlar onların önerilerini almak için birbirleriyle yarışa girerler. Her neyse, bin yarışmacıdan sadece sekizi düzenli bir şekilde tura atabiliyordu."

O gece yazı-tura atanların hikâyesini okurken doğrusu pek etkilenmemiştim. Yatırım danışmanları açısından ilginç bir yorum olabilirdi, fakat başarının kör talihten olduğunu kabul etmeye hazır değildim ve bunu Max'e söyledim. Max kıkır kıkır gülmekle yetindi: "Senin problemin mantıklı düşünmen. Aklın hâlâ bir okul çocuğu gibi çalışıyor: Bütün ödevleri yaparsan A alırsın. Yapacağın ödevlerin bir listesini istiyorsun."

"Kim istemez ki?" diye sordum sırf onu sınamak için. "Amaçlarımı terketmemi istiyorsun. Peki, onların yerine neyi koyacağım? Yazı tura atmayı mı?"

Max yine omzumu bir mengene gibi sıktı. Bu kez, "Doğallıkla," dedi "önce başarının gerektirdiği şeyleri yapmalısın. Kafan çalışmıyorsa ve çalışkan değilsen, on denemenin onunda da başarısız olursun. Fakat hep doğru şeyleri yaparsan, ne olacağını tahmin edebilir misin? On denemenin dokuzunda başarısız olursun."

Bir kez daha itiraz etmeme fırsat tanımadan ellerini kaldırdı. "Çok güzel oldukları halde hiçbir zaman bestseller olamayan kaç roman okuduğunu düşün. Yerel ve bölgesel tiyatrolarda, Broadway'de oynayanlar kadar iyi olan kaç tiyatrocu gördüğünü düşün. Onların problemi, yetenekleri ya da iş ahlakları değil, sadece usta bir yazı turacı olamamalarıdır.

"Bu nedenle benim tek bir amacım var: Her gün daha farklı olmak. Bu, bir deneme yanılma, bir taraftan öbür tarafa sıçrama, kolay yürünmeyen çamurlu yollardan geçme, karmaşık bir iş olan girişimleri sürdürmek zorunda olma demektir.

"Şunu aklından çıkarma: En çok 'tura' atan, en çok atış yapandır. Yeterince bulduğun zaman, şans senin arkadaşın olacaktır."

6

Geceyarısını yeni geçmişti ki, adres servisinden hatların sabaha kadar açılmayacağı bildirildi. Etrafımızdaki bitkin yolcular iç çekip homurdanarak tepki gösterdiler; bir iki kişi de ıslık çalarak bu durumu protesto etti. O sırada O'Hare havaalanında bu habere sevinen tek kişi bendim herhalde. "Deneyler hiçbir zaman sonuçsuz kalmaz" sözünün ne anlama geldiğini henüz öğrenmemiştim çünkü.

Max, benim icatlar tarihiyle birlikte bir rastlantılar dersi almamın zamanı geldiğine karar verdi. Gerçekten, bütün geceyi öykülerle geçirmiş, Max bol bol öykü anlatmıştı. Onun "ilk kariyeri" artık yayınlanmayan *The Business of Business* adlı bir iş dergisinde yazarlıkmış. Burada şirketlerin başarı ve başarısızlıkları, ürün, hizmet ve reklamlar üzerine yazarken, kendi deyimiyle bir "tesadüfi dahiler tanığı" olup çıkmış. Deneylerinden hareket ederek çeşitli ürünlerin keşiflerinin öykülerini toplamaya koyulmuş. Bana ilk anlattığı, "bütün zamanların en büyük tüketici ürünü" üzerineydi.

COCA-COLA

"Benim için favori olan ürün geliştirme öyküsü Coca-Cola'dır," diyerek başladı. "Bu öykü yaklaşık yüz yıl öncesine dayanır ve sormadan söyleyeyim, hayır, orada gazeteye haber yazmak için bulunmuyordum.

"Atlanta'da, müşterileri için Kızılderili Kraliçesi, Saç Boyası, Çiçek Küresi Öksürük Şurubu, Fransız Şarabı Kolası ve Üçlü Karaciğer Hapı gibi isimlerle onlarca ilaç icat eden John Pemberton isimli bir eczacı varmış. Bir gün dükkânının arkasındaki laboratuvara giren Pemberton, işçilerinden ikisinin, yeni yaptığı baş ağrısı şurubunu suyla karıştırıp içtiklerini görmüş. Kısa süre sonra çocukların baş ağrıları kesilmiş.

"Pemberton meraklanıp onların hazırladığı karışımı içmiş. Tadı hiç de kötü değilmiş. Üstelik biraz sodayla köpürtülürse daha iyi olabileceğini düşünmüş. Derken karışıma soda ekleyip Coca-Cola ismiyle dükkânında satmaya karar vermiş.

"Unutmadan, Coca-Cola'nın akıcı logosu da bir reklam ajansının ürünü değilmiş. Pemberton'un ortağının, hesap defterine yazdığı gibi kabul edilmiş. "

Birden durdu ve bana öykü hakkındaki düşüncemi sordu. Ona çarpıcı bir tarihsel öykü olmakla birlikte, kariyerimle bir ilinti kuramadığımı söyledim.

"*Gerçekten mi?*" diye sordu, şaşırmış gibi davranarak.

"Ne yapmam gerekiyor ki," dedim, "büroma birkaç çocuk getirip bir şeyler ortaya atmalarını mı bekleyim?"

Yanıtı, "Hiç de fena değil," oldu, "bundan iş çıkabilir." Ardından başka bir öyküye geçti.

ÇİKOLATALI KURABİYELER

"Toll House'un bazı çikolatalı kurabiyeleri artık çok güzel, değil mi?" diye sorarak anlatmaya başladı. Başımı sallayarak onu onayladım. "Onları kimin icat ettiğini biliyor musun?" Bilmiyordum.

"Massachusetts'deki Toll House Inn adlı bir otelde, Ruth Wakefield tereyağlı kurabiye yapıyormuş. O gün aynı kurabiyenin çikolatalısını denemeye karar vermiş. Yarı tatlı bir çikolata çubuğunu küçük küçük parçalara ayırmış. Çikolata parçalarını eriterek kurabiyenin içine koymak istiyormuş. Fakat acelesi olduğundan kestirmeden gitmiş; pişirme sırasında nasılsa erir diye düşünerek parçaları olduğu gibi hamurun içine atıvermiş.

"Plan işlememiş. Çikolatalar top top duruyormuş. Ruth Wakefield kurabiyeleri tattıktan sonra, daha iyi bir plan hazırlamayı kararlaştırmış."

"İlginç," diye yanıtladım, "ama bu örnekleri nasıl genelleştireceğinizi bilemiyorum. Rastlantı, rastlantıdır."

"HA! Sen zor bir vakasın, çocuk. Evet, rastlantı rastlantıdır. Fakat bir rastlantıyı kariyerinde kullanabilirsin, değil mi? Belki işin sırrını öğrenip birer 'rastlantıbilimci' olmalıyız."

Arkadaşımı size iyi tanıtabilmişsem, yeni bulmuş olduğu bu sözcükle eğlenerek dizime vururken göbeğini hoplata hoplata gülüşünü gözünüzün önüne getiriyor olmalısınız.

Sonra tekrar rastlantılara döndük.

LEVİ BLUCİNLERİ

"Levi Strauss Amerika'ya delikanlıyken gelip Kentucky'ye yerleşmiş. İlk önceleri hayatını seyyar satıcılık yaparak kazanıyormuş. Fakat bir yerlerden Kaliforniya'da *altın* olduğunu duyunca, heveslenerek San Fransisko'ya giden ilk hızlı gemiye binmiş.

"Gemide yolculara satmak amacıyla yanına madenci araç-gereçleri almış. Bu büyük bir plan. Nitekim, hiç kimsenin satın almak istemediği birkaç top iğrenç çadır bezi dışında, yanında getirmiş olduğu herşeyi satmış. San Fransisko'ya geldikten sonra da çadır bezlerini satmaya çalışmış. Fakat satamamış. Pazar pazar gezerken de piyasada en az bulunan şeyin pantalon olduğunu farketmiş. Yalnız pantalon konusunda sondaj yapma şansı fazla yokmuş.

"Böylece Levi Strauss, çadır bezlerinden iş tulumu diktirmek üzere San Fransisko'lu bir terziyle anlaşmış. Talep o kadar çokmuş ki, San Fransisko'da altın damarına rastlayan genç seyyar satıcı, madencilik planlarından bir anda vazgeçivermiş."

İCADIN BABASI

Max tepkimi merak ediyordu. Onunla konuşmanın eğlenceli yanı, zor bir sorunun çok uzağınızda olmadığını bilmenizdi. Bu kez soru şuydu: "Bu öyküleri sana niçin anlattığımı düşünüyorsun?"

Kendimden emin olarak yanıtladım: "İcadın düzensiz bir iş olduğu, bunun sadece çevrede dolaşıp bir şeyler yapmaya çalışmanın sonucu olduğu görüşlerinizi desteklemek için."

"Sen, benim genç arkadaşım, meseleyi kavradın. 'Fikirler' ve 'rastlantılar' yarı yarıya kardeştir. Onlara dikkat etmeye başlar başlamaz, her yerde rastlantı görürsün."

Burada çekinerek sordum: "Baktığım her yerde mi?"

"Evet. Sana Coke'un, Levi'nin ve Toll House kurabiyelerinin öykülerini anlattım. Çünkü bunlar senin tanıdığın ürünler. Her fikir Coca-Cola'ya benzemez. Fakat fikirler her düzeyde gerçekleşir."

"Meselâ?"

Max Elmore duraklamadı. "Geçen gün, Cannondale Bicycles'dan Stephen Cuomo'yla konuşuyordum. Cuomo bana bisikletlerin isminin nereden geldiğini anlattı.

"Kurucu Joe Montgomery ile iki işçiden oluşan ilk şirket, eski bir turşu fabrikasının üstünde kiralanan yerde faaliyet gösteriyormuş. İşe başladıkları gün, şirket sahibi telefon bağlatmak amacıyla işçilerden birisinin telefon idaresini aramasını istemiş. O işçi de tren istasyonunun yanındaki bir telefon kulübesine gitmiş. Telefon idaresindeki görevli haklı olarak telefon bağlanacak şirketin ismini sormuş. Fakat şirketin sahibi henüz bir isim seçmemiş olduğu için, telefon eden işçi işlem başlasın diye geçici bir isim söylemeye karar vermiş. Kafasını kaldırınca istasyondaki tabelayı görmüş: CANNONDALE İSTASYONU. Bunun üzerine şirketin ismi olarak Cannondale'i vermiş. Herkes de ismi sevmiş ve öylece kalmış."

Ben bir yorumda bulunmadan önce, "Dur," dedi "işte daha iyi bir örnek: The China Mist Tea Company. ABD ve Kanada'daki bütün restoranlara buzlu çay satan bu firma olağanüstü çeşitleriyle tanınır.

"Geçenlerde firmanın genel müdürü Dan Schweiker'a bütün bu çeşitleri nasıl bulduklarını sordum. Bir kaktüs meyvasından elde edilen Dikenli Armut çeşidine ilişkin bir şeyler söyledi. Bu, Santa Fe'deki bir restoran sahibinin isteği üzerine hazırlanmış. Bazen yazı tura atmak zorunda değilsin, fikir kendiliğinden gelir.

"Fakat benim anlatmak istediğim örnek, aynı firmanın Karışık Çilek çeşidi. Bu tür, diğer meyva kokulu çaylar yapılırken, üç çeşit kırıntı kümesi olarak elde edilmiş. Bu kırıntıları çöpe atmak yerine karıştırmışlar ve ortaya en çok sevilen Karışık Çilek çayı çıkmış."

Max sözlerini şöyle özetledi: "İşletme de kariyer de dünyadaki diğer şeyler gibi, bir dizi rastlantıdan ibarettir. Çoğu insan, 'Hiçbir şey planlandığı gibi gitmez' klişesini kabul eder, ama yine de planlamaya önem verir. Bence, bizim daha az plancı ve daha çok rastlantıbilimcisine ihtiyacımız var."

Daha sonra, benim kendime defalarca söylediğim sözü söyledi: "Zorunluluk icadın annesi olabilir, fakat rastlantı da babasıdır."

7

Max Elmore sonra birlikte yazdığımız "Başarı Stratejisi" sayfasına döndü. Tabii, o büyük X işareti sayfanın üzerinde duruyordu. Max benim "Yeni Bir Siz Yaratmak" diye adlandırdığım bölüme geri dönmek istedi. Bu, sınırlayıcı düşüncelerin olumlu düşünceler ve rol modelleriyle değiştirilmesini tartıştığım bölümdü.

MANTIĞIN ÇATLAKLARI ARASINDA

"Benim farkına vardığım ve yaşamımı değiştiren şeylerden birini anlatayım sana," diyerek başladı. "Bu, hiçbir anlam ifade etmeyen bir düşünce aklıma geldiği zaman oldu. Gerçek öğrenmenin nerede olduğunu kavramıştım: mantığın çatlakları arasında.

"O zamanlar çok gençtim. Aşağı yukarı sen yaşlarda,

gazeteci olarak çalışıyordum. Bir sürü entellektüelin, tüketicilerin satın alma kararlarını tartıştıkları ve 'tutum araştırması' olarak adlandırılan bir konferans hakkında yazı hazırlıyordum.

"Tartışmanın ana fikir şuydu: Tüketici, ürüne ilişkin bilgi toplamak, ürünün fikrini beğenmek, tercih etme noktasına gelmek ve satın almaya karar vermek olmak üzere bir dizi adım atar. Yani, önce tutum gelişiyor, daha sonra davranışlar geliyor. Düzenli. Mantıklı.

"Tesadüfen konferanstan önceki gün bir markete gitmiştim. Seçtiğim ürünleri düşünmeye başladım. Sözgelimi, sabun dedim. Sabun raflarının önünden geçip sabun paketlerini görmüştüm. Paketlerin renklerini çok sevdim ve 'ne olursa olsun' deyip bir tane aldım. Bu, önce eğitim sonra karar durumu değil, önce karar sonra eğitim durumuydu. Kahretsin. Düzenli olmamıştı. Mantıklı değildi. Karmakarışıktı. Tıpkı yaşam gibi."

"Elbette," diye ekledim yardımcı olmaya çalışarak, "siz şu anda önemli olmayan bir alışverişten söz ediyorsunuz. Önemsiz mallar. Bir dürtüye bağlı olarak almak."

Beni onaylamak yerine kaşlarını kaldırdı, başını bir tarafa dayadı ve benden ne zaman rakip ürünler hakkında bilgi toplayarak titiz bir karar verdiğimi hatırlamamı istedi. En son arabamı bu yolla satın aldığımı söyledim.

"Modeli neydi?" diye sordu.

"Plymouth Reliant. Sağlam. Pratik."

"Şimdi fırsatın olsa, yine aynı arabayı mı alırdın?"

Demek istediğini anlayarak güldüm. "Rastlantı değil. Gerçekten istediğim bir şey almak isterim."

O da bana bakarak sırıttı. "Senin daha çok 'ne olursa olsun' tavrına ve daha az istatistiğe ihtiyacın var. Olgular acımasızdır. Gerçek bilgileri dışlar. Bir araba istiyorsan ona âşık olabilirsin; arabayla başla, sonra olguları kontrol et. Arabayı sen seçme- o seni seçsin."

Nedenini tam olarak açıklayamasam da, bu öneri bana doğru geldi. Belki de "mantığın çatlakları arasından" gitmiştim.

Max devam etti: "Artık niçin tutumlarla pek ilgilenmediğimi çıkarabilirsin. Eskiden insanlara düşündükleri şeyleri sorardım, oysa şimdi 'Neyi denediniz?' diye soruyorum."

Bunları söylerken kıkırdadı. "İnsanların tutumlarına sıkı sıkı sarılmaları ne komik. Boksör José Torres'i hatırlar mısın?" Hatırladığımdan emin değildim, fakat ardından bir öykünün geleceğini farkederek başımı salladım. "Torres'e göre, önemli bir boks maçından önce Bowery caddesine inip herhangi bir serseriye kimin kazanacağını sorabilirsiniz. Hemen oradaki başka bir serseri bu yanıtı beğenmeyecek. Tartışma çıkacak ve belki birbirleriyle kavga edecekler. José Torres şunu söyler: 'Boksun en iyi yanı, bu serserilerden birinin daima haklı çıkmasıdır.'" Max yine sırıtarak ekledi: "Serseri böylece kendisinin bir dahi olduğunu düşünür. Bu sana yazı-tura atanları hatırlatmadı mı?"

"Evet. Ama iki örneğin de kariyerle ilintisini hâlâ kurabilmiş değilim."

"İşte deney tam bu noktada devreye girer," diye karşılık verdi. "Haritaları bir tarafa atıp sadece keşife çıkmak. Doğru tutumlara sahip olursan, istediğin herşeyi elde edersin. Fakat en iyi umudun, elde edeceğin şeyi sevmek olur.

"Birkaç kafadar, yeni ürünlerle -mikrodalgalar, videolar, acele posta servisleri- dünyaya bir yenilik getiren on altı şirket üzerinde bir araştırma yapıp buldukları sonuçları *Breakthroughs* isimli bir kitapta toplamıştı. Sonuçta ne bulduklarını tahmin edebilir misin?

"Onlara göre, şirketinizi nasıl organize ettiğinizin *hiçbir önemi yoktu*. 'Hak etseniz de etmeseniz de atılım yapabilirsiniz.' Başarılı şirketler önce doğru tutum geliştirip daha sonra atılım yapmamışlar, tersine önce atılım yapıp daha sonra tutumlarını netleştirmişlerdi."

TAKLİT BAŞARISI

Şaşkınlık içinde olduğum yüzümden belli olmalıydı. Max bu durumu farkedince, "Konuşmamız devam ettikçe bütün bunlar daha anlamlı gelmeye başlayacak," deyip sırıttı. Ardından "Başarı Stratejisi"ne döndü, rol modelleri bulma ve 'model oluşturma' başarısı üzerine olan bölümleri tekrar okudu.

"Burada yazılanlar," dedi, "'Başarıyı taklit et' felsefesinin özetidir." Max'in bu saptaması bana savunma antrenörü olmak istediğini söyleyen futbolcu Raymond Berry'i anımsatmıştı. Berry, gelmiş geçmiş en büyük savunma oyuncularını inceleyip pas verme tekniklerinin altında yatan sırları öğrenmeye karar vermişti. Sonuç neydi, biliyor musunuz? 'İyi savunma oyuncularının tek ortak yanı, hepsinin de topu farklı şekillerde kullanmasıydı.'"

Ona sızlanmak istemediğimi, fakat anlatılan felsefelerin kendi durumumla bağlantısını hâlâ kuramadığımı söyledim.

"Peki, o zaman," dedi "senden konuşalım. Kurduğun işyerine bakıp bu işin senin ve benim başarı stratejilerimizle ilgisini görelim. Bana hikâyeyi tekrar anlatır mısın?"

HATALARI DÜZELTMEYE ÇALIŞMAK

Bir iş kurmaya yaklaşık on yıl önce, üniversiteden mezun olduktan kısa süre sonra giriştiğimizi söyledim. "Üç arkadaş, ekonomik özgürlüğümüzü kazanıp birlikte iş yapmaktan söz ediyorduk. Kendi aramızda, üçümüzün de başarılı bir iş kurmaya yetecek becerilere sahip olduğumuza karar verdik. Bunun için aylarca toplantı yaptık, evlerde biraraya gelip başarılı bir iş kurmanın gereklilikleri konusunda uzman görüşlerini inceledik.

"İçimizden birisi Los Angeles'tan yeni dönmüştü. Orada, bir büyük, birkaç tane de küçük makinenin bulunduğu bir fotokopi merkezinde çalışmıştı. Bu dükkânları şimdi her yerde görebilirsiniz, fakat o zamanlar biz kendimizi bu işin öncüsü sanıyorduk.

"Bu konudaki yazılmış bilgisayar programlarıyla bir işletme planı hazırlayıp ilk dükkânımızı açtık. Bir zincire sahip olana kadar 'hataları düzelte düzelte' çalışacaktık.

"Birimizin işi olmadığı için onu dükkânın başına koyduk. Diğer ortakla ben de para yatırıp part-time olarak yardım etmeye başladık.

"Sonunda, dört yol ağzında bulunan küçük bir alışveriş merkezinde, en iyi kira koşullarıyla küçük bir dükkân tuttuk. Reklama fazla para ayıramadık, fakat sözde yavaş yavaş büyüdük. Altı ay kadar, işin başındaki ortağımıza mütevazı bir maaş öderken, ne kâr ne de zarar ettik. 'Hatalarımız üstünde çalışarak' işleri doğru biçimde yürüttüğümüzü düşünüyorduk. Gelecek yıl istikrarlı biçimde büyüyerek, ikinci bir yer açma planımızı uygulayabilecektik.

"Sonra, birkaç kilometre ötemizde açılan ve bizimkine benzeyen bir fotokopi dükkânıyla rekabete girdik. Rakip şirketin, dışarı çıkıp dolaşan ve fotokopileri işyerlerine dağıtan satış elemanları vardı. Biz o kadar ilerleyemediğimiz için bundan etkilenmiştik. Fakat asıl darbeyi Los Angeles'tan gelen şirketten yedik. Bu yeni şirket, bize fikir veren çocuklardı. Bizimkinden daha iyi ve üç katlı büyük bir dükkân açmışlardı. Dükkânlarını daha uzun süre açık tuttular. Daha yeni makineleri vardı. Ayrıca daktiloları vardı, resim ve grafik işleri yapıyor ve büro malzemeleri satıyorlardı. Bizden daha büyük ve iyiydiler. Ne yapabilirdik? Kalite konusunda boy ölçüşemezdik. Fiyat konusunda rekabete girişsek, çok fazla açık verecektik. Böylece kira sözleşmesinden kurtuluncaya kadar düşe kalka gittik ve sonunda elimizdeki araç gereçleri maliyetinin çok altına satarak işi kapattık."

Anılarımı şöyle tamamladım: "Yüzlerce saatimi ve binlerce dolarımı harcadım. Hepsi uçtu gitti. Üç ortağın arasında öyle kırgınlıklar yaşandı ki, şimdi birbirimizi hemen hemen hiç görmüyoruz. Geçmişe bakıp düşünecek olursak, şansımızı deneyip özgürlüğümüzü elde etmek için çok ağır bir bedeldi."

BAZI KÖTÜ SIRLAR

Geçip giden bir Amerikan rüyasının anısına bir süre sessizce durduk. İlk konuşan Max oldu: "Seninki gibi hikâyeleri yüzlerce defa dinledim ve her seferinde başarısızlığın acısını hissettim."

Onun beğeneceği küçük bir şey söylemeye karar verdim: "Sanırım işimizin başarısız sonuçlanan bir deney olduğunu söyleceksiniz."

Homurdanarak, "Seni oyunbozan," dedi ve koluma şakayla karışık vurdu. "Henüz oraya gelmedik, ama geleceğiz. Şimdilik, deneyimin ve başarı stratejinle ilgili söylediklerine bakalım.

"Bir dakika için amaçlara dönelim. Senin amaçların vardı. Bütün amaçlar gibi seninkiler de tam anlamıyla hüsnükuruntudan ibaretti. Hayali paraları sayıyordunuz. Fakat amaçlarınız ve rüyalarınız vardı.

"Amaç ya da rüyaları eksik olduğu için başarısızlıkla sonuçlanan hiçbir iş duymadım.. Ne komik ki, amaç ve rüyaların başarının sırrı olduğunu tekrar tekrar duyarız, fakat bunları tam uygulayıp piyasaya giren insanların onda dokuzu da mutlaka hüsrana uğrar. Bazı kötü sırlar dediğim şey, işte bu amaç ve rüyalardır."

FARKLI OLMA

"Senin amaçlarındaki sorun, herkesinkiyle aynı," dedi. "Dünya, üzerinde çalışılacak kadar yerinde durmuyor. Teknoloji değişiyor, buna bağlı olarak rekabet koşulları değişiyor.

"Şu noktayı düşün: Kurduğun işteki tek amacın benim bir kariyer için önerdiğim şey -her gün farklı olmak- olsaydı durum nasıl olurdu? Bu amaç doğrultusunda işyerinde başka hizmetler yapar, yeni araçlar alır ya da yeni pazarlama teknikleri kullanırdın. Bunu düşün, istersen.

"Sadece amaç ve rüyalara sahip olmakla kalmıyordun, tutumların da olumluydu ve senin için rol modeli olabilecek bir şirket kurmuş gibiydin. Başka bir deyişle, başarı stratejindeki koşullara ulaşmıştın. Kendi formüllerine göre, başaracağından emindin.

"Bu ender görülen bir şey değil. Çoğu işyeri sizin yaptığınız gibi -başka birisinin başarısını örnek alarak- kurulur. Fakat diğer girişimci aynı şeyi tekrar eder. Taklitçiler sürüsü birbiriyle o kadar didişir ki, liderlerle, yenilik getirenlerle baş etmeleri mümkün olmaz."

KURALSIZ BAŞARI

Max, "Aynı şey sadece iş kurmada değil, kariyer açısından da geçerlidir," diyerek sürdürdü sözlerini. "Rol modellerini taklit etmeye çalışırsınız, fakat bu da herkeste bulunan eski fikirlere giden bir başka yoldur. Daha da kötüsü, siz rol modellerinize bakıp dururken, onlar kendilerini daha profesyonel gösterecek şekilde geçmişlerini temizler, başka bir deyişle kendilerini geleneksel kalıpların dışında gösterir, yine başka bir deyişle başarı hikâyelerini herkesinkine daha çok benzetmeye çalışırlar.

"Gözünüzü nereye çevirirseniz çevirin, insanların başarıyı, yine başarıya bakarak anlamaya çalıştıkları açıkça ortadadır. Nitekim bu durum bana Somerset Maugham'ın bir zamanlar söylediği bir sözü hatırlattı: 'Roman yazmanın üç yolu vardır. Ne yazık ki bunları kimse bilmez.'" Bu söze önce o, sonra ben, ikimiz de güldük.

"Durum kariyer ve iş konusunda biraz farklıdır -başarı kurallarını herkes bilir. Bu kuralları binlerce kitapta bulabilirsiniz. Fakat hâlâ bir sorun var: Romanları incelemekle romancı, başarıyı incelemekle başarılı olamazsınız. İnsanlar başarıya uyum sağlamak istiyorlar, oysa başarılı olmak için uyumsuz olmak gerekir.

"Şöyle söyleyeyim istersen: Picasso'nun resimlerinin kopyalarını alıp fotokopiyle çoğaltarak bir Picasso olamazsınız.

"Bütün bunlar, senin başarı stratejisi sayfana niçin büyük bir X işareti koyduğumu açıklar. İster kariyerinde, ister bir işte, bir başarısızlık stratejisi tasarlamak istiyorsan, amaç belirlemeye ve taklit etmeye konsantre olmaktan daha iyi bir iş yapamazsın. İster yeni bir iş, ister bir kariyer olsun, bu stratejiyle on denemeden dokuzunda başarısız olursun."

DAHA ZOR BİR DERS

"Şimdi daha zor bir derse hazır mısın?" diye sordu Max. "Benim önerilerimi dikkate alır ve taklit etmek yerine yenilik aramaya yönelir, dolayısıyla her gün bir önceki günden farklı olmaya gayret edersen, başarılı olma ihtimalini arttırırsın: Artık on girişimin dokuzunda başarısız olmazsın..." Kaşlarını Groucho Marx gibi oynattı ve sözünü tamamladı: "On girişimin sekizinde başarısız olursun."

8

Kendimi nasıl yıkılmış hissettiğimi tahmin edebilirsiniz. Bütün konuştuklarımızın bir tür şaka olup olmadığını düşündüm. Yaşlı arkadaşıma, on girişimden sekizinde başarısız olmayı öneren bir programı uygalamaya hevesli olmakta biraz zorlanabileceğimi söyledim.

O sırada koridordaki yerimize dönmüştük. Yere otururken gülümseyip şöyle dedi: "Eğer iyi düşünecek olursan, on girişimden ikisinde başarılı olmak hiç de fena değil. Aynı ihtimalle piyango bileti almayı istemez miydin?" Söylediklerini kabul etmek zorundaydım.

BAŞARI PİYANGOSU

"Gerçek başarı bir çeşit piyangodur," diye devam etti. "Bu piyangoya yetenekli ve çalışkan biri olarak katılırsın.

İnsanların çoğu, onda-bir ihtimale oynayarak piyangoya bir kez katılır. Oysa ben sana onda-iki ihtimalle piyangoya tekrar tekrar katılmanın yollarını göstermek için çalışıyorum."

"İşin mantığını özetleyeyim. İnsanların çoğu kendilerine belirli bir kariyer seçer ve o çerçevede kendilerinden bekleneni yapar, kendi alanlarındaki başarılı kimselere benzemeye çalışır. Sonuç olarak herkes herkesin yaptığını yapar. Çok yeni bir düşünce çıktığında, onu alıp uygularlar. Bunu herkes yapar. Bu insanlara ne olacağını biliyor musun? Hepsi olağanüstü olmak ister, fakat bu amaca herkes gibi gitmeye çalışırlar. Sonuç? En iyimser tahminle, bu insanların kendi mesleklerinin ilk yüzde onuna girebilme şansları onda birdir. Bir kariyer, bir şans, onda bir ihtimal."

YENİ-YAŞAM KUMARI

"Yeni bir kariyer ya da yeni bir iş kurmayı düşün. Çoğu kimse buna kesinlikle yanaşmaz. Çünkü bu sahip olduğunuz herşeyi riske atmaktır. İyi bir başarı ihtimali olsa bile çok ürkütücü olabilir.

"Kendisiyle görüştüğüm ve kumar oynamanın psikolojisine ilişkin dersler veren John Mowen isimli bir psikolog vardı.

"Diyelim yüz bin dolarlık bir servetin var. Evini, arabanı ve sahip olduğun herşeyi satarak nakit yüz bin dolar topladın. Farzedelim, yüz bin dolarına karşılık bir milyon dolar koyacağım bir kumar teklif ettim. Zar atacağız ve büyük atan kazanacak. Yüzde elli şansla, bire on kazanabilirsin. Böyle bir kumarı kabul eder misin?"

Evet demeden önce, Max benden, planımı eşime anlattığımı, kızımı ve sahip olduğum hemen herşeyi ortaya koyduğumu hesaba katmamı istedi. Yüzde elli şansla evimizi, arabamızı, mobilyalarımızı, evlilik yüzüklerimizi kaybedebileceğimizi ve herşeye sıfırdan başlamak zorunda kalacağımızı hesaba katmamı da istedi. Onu dinledikten sonra, böyle bir kumara girmeyeceğimi söylemek zorunda kaldım.

"Bu kararla çoğunluğun arasına girersin," diyerek yanıtladı. "Benim önerim yüzde elli-yüzde elliydi, daha gerçekçi olan bire-on değil. Tabii çok az insan kendi alışkanlıklarının dışındaki deneylere girişebiliyor."

SÜREKLİ KUMAR

Max, kumar senaryosu için biraz daha düşünmeme izin verdikten sonra çok kurnazca ve hileli bir soru sordu: "Aynı teklifi ortadaki iddianın yarısı için yapsaydım ne olurdu? Bu kumarı oynamaya daha fazla istekli olurdun. Çünkü sahip olduğun herşeyi riske atmak zorunda kalmazdın.

"Başka bir teklif: İlk rakamlarla (yani yüzbin dolara karşı bir milyon dolar,) fakat birden fazla oynayabileceğin, birkaç şansa sahip olacağın bir kumara ne dersin? Diyelim, on şansın var. Beni reddetmek için deli olman gerekir. Beş defa kazanıp beş defa kaybetme ihtimalin var, yani beş milyon dolar kazanıp, beş yüz bin dolar kaybedebilir; böylece dört buçuk milyon kârâ geçebilirsin."

Bu teklif daha iyi görünüyordu. Kafamda birtakım hesaplar yaptım -dokuz kez kaybedip bir kez kazansam bile kârdaydım.

"Evet, gerçek yaşam bazen iyi, bazen kötü teklifler yapar. Daha önce söylediğim gibi, başarı ihtimali yüzde elli-yüzde elli değil, daha kötüdür. Yalnız şunu da bilmelisin: Başarı piyangosunda yüzlerce kazanma şansı bulursun ve bunların çoğu fazla pahalı olmaz."

BAŞARI OYUNU

"Şimdi geldiğimiz nokta şu: "İkramiyesi büyük, oynaması fazla pahalı olmayan, tekrar tekrar oynayıp sürekli kazanabileceğimiz bir oyun istiyoruz."

Yaşlı arkadaşımın daha önce ileri sürdüğü "Deneyler asla sonuçsuz kalmaz" iddiasının bir temele oturduğunu görebiliyordum artık. O akşamki az sayıda doğru tahminimden biri buydu. Haklıydım.

SIRADAN OLMAYI BIRAKIN

Max daha sonra şu gerçeğe parmak bastı: "Olağanüstü olmak istiyorsan, atman gereken ilk ve en zor adım, sıradan olmayı bırakmaktır."

Neyi kasdettiğini anlamıştım: Başarı oyununu oynamak isteyen kimse, daha iyi olabilmek için farklı olmaya çalışmalıydı. Bunun anlamı da sürekli deney yapmaktı.

Ardından deneyci biri olmanın iki kuralını söyledi:

"Birincisi, 'doğru zaman' ya da 'mükemmel fırsat' hiçbir zaman yoktur. Bu, *hemen şimdi, hemen burada* başlamak demektir.

"İkincisi, açık fikirlerin hemen hepsi, fazla açık olmayan fikirlerin ise çoğu denenmiştir. Toparlarsam: *Başarı yüzdesi düşük fikirler olmasaydı, kullanılabilecek fikir de olmazdı."*

DENEYLER ASLA SONUÇSUZ KALMAZ

Max'in "Deneyler asla sonuçsuz kalmaz" cümlesinin mantığını bana açıklamasının zamanı gelmişti. İş kurma girişimimin başarısız bir deney olduğunu söyleyerek ona karşı çıktığımı hatırlarsınız. Nihayet Max benim iddiamı tartışmaya hazırdı.

Onun mantığına göre, bizim şirket "yenilikçi değil, taklitçi bir şirket"ti. Buna rağmen, şirketin başarılı olmaya başladığını, yalnızca rekabete dayanamadığını hatırlattı. "Planınız fena değilmiş," dedi "Bir süre işe yaramış. Fakat siz yeni deneyler yapmıyor, daha iyi olmaya çalışmıyordunuz. Giriştiğiniz rekabette sabit bir hedef durumundaydınız. Sizin işi yapmak isteyen herkes size gelebilir, neler yaptığınızı görebilir ve bir-iki ufak değişiklikle sizden daha iyi yapabilirdi. Siz kendinizi yok etmişsiniz."

Ondan sonra, yumuşak bir ses tonuyla, hâlâ kafamın içinde yankılanan şu cümleyi söyledi: '*Sizin işiniz başarısız bir deney olmamış, deney yapamamaktan dolayı batmış.*'"

Sonra bunu açıkladı: "Sizin vizyonunuz, çok iyi ve küçük bir fotokopi merkeziyle sınırlı kalmış. Amacınız böyle bir yer açıp daha sonra işinizi 'mükemmel' hale getirmek olmuş. Bu her zaman hatadır."

Bir kez daha beni şaşırtmaya çalışıyordu. Yüzümdeki şaşkınlık ifadesini hemen yakaladı. Ardından nefis bir öykü anlattı. Bu öyküyü dinledikten sonra bir daha kendimi "mükemmeliyetçi" olarak adlandırmadım.

MÜKEMMELDEN DAHA IYİ

Max, dünyanın en iyi flütçüsü olan Jean-Pierre Rampal'ın ders verdiği bir "ustalar sınıfı"na gittiğini anlattı. Ülkenin en iyi genç flütçüleri, Rampal'ın huzurunda çalmak üzere biraraya gelmişlerdi. Sırayla her flütçünün çalmasından sonra Rampal altın flütünü eline alıp, "belki bunun gibi" diyerek parçayı tekrar çalıyormuş. İkisi de mükemmel çalıyormuş, fakat birbirinden bir hayli farklıymışlar.

Sonunda Max, Rampal'a, bir bestecinin çalışmasını yeniden yorumlamayı isteyip istemeyeceğini sormuş. Rampal'ın yanıtı şöyleymiş: "Birçok gece dışarı çıkıp bir parçayı *mükemmel* çaldım. Ardından, ertesi gece, dışarı çıkıp aynı parçayı *daha iyi* çaldım."

Vuav! Mükemmelden daha iyi. Mantıklı gelmiyor,

fakat ilk duyduğumda çok kesin gelmişti. Bu nokta, mükemmellik düşüncemi açıkça değiştirdi. Mükemmel yeterince iyi değildir. Mükemmeli yakalasanız bile deney yapmayı sürdürmelisiniz.

İhtiyar delikanlı başka bir noktayı daha ekledi. "Bir şeyin mükemmel olduğuna karar verirseniz, o noktada durup rakiplerinizin gelip sizi geçmesini bekliyorsunuz demektir. '*Mükemmellik eskimenin ilk aşamasıdır.*'

"Jan-Pierre Rampal'ın 'mükemmelden daha iyi' sözünü duyar duymaz, 'mükemmeliyetçi' olma saplantımdan vazgeçtim. Fakat, hâlâ başarısızlıkla sonuçlanan pek çok deney sayabiliyordum."

Max beni bekledi: "Denediğin herşeyin işe yarayacağı ya da verdiğin her kararın iyi olacağını söylüyor değilim. Tabii öyle olmaz. Planların çoğunun etkili olmadığını söylemiştim. Sana göstermeye çalıştığım şey, fikirlerin çoğu işe yaramasa bile, deneylerin yaradığıdır.

"Sanırım şöyle söylemeliydim: 'Deney *yapma* asla sonuçsuz kalmaz.' Bu daha doğru ve anlaşılması daha kolay olabilirdi. Fakat, biliyor musun? Bir şey denersen ve onun kötü bir fikir olduğu ortaya çıkarsa, asla başladığın yere dönemezsin. Bir şeyler öğrenmişsindir. Hiç olmazsa daha önce neler yaptığını görebilirsin. Bundan dolayı, deneylerin asla sonuçsuz kalmayacağını söylemek bence doğrudur.

"Buna senin de inanmanı istiyorum. Senden 'bilimsel yöntem' ve 'kontrol grupları' gibi köhnemiş şeyleri ciddiye almanı istiyor değilim. Sadece bir şeyler yap, yeni şeyler dene ve gözlerini açık tut, diyorum. Zor olan, insanların değişip farklı olmaya çalışmalarıdır. Çoğu insan değişmekten nefret eder." Max bu noktada, "Fakat, şu gri kafaya gelen en önemli cümlelerden birisi," deyip parmağını kafasındaki düşünceyi itekliyormuşçasına şakağına koyduktan sonra sözlerini şöyle tamamladı: *"Insanlar değişimden nefret eder, fakat deney yapmayı sever-ler."*

9

O'Hare Havaalanı sessizliğe gömülmüştü. Yarı karanlıkta, koridor sanki sıra sıra büyük taşlarla dolu görünüyordu -insanlar ve bagajlar gri öbekler halinde bulanıklaşmıştı. Yalnız iki kişi uyanıktı ve onlardan biri bendim. Diğeri ise büyük bir arzuyla beni yeni bir konuya doğru çekiyordu: Hawthorne etkisi.

HAWTHORNE ETKİSİ

Üniversitede sosyoloji veya psikoloji dersi almışsanız Hawthorne etkisini de duymuşsunuzdur. Hatırladığım kadarıyla, bu ismin kaynağı yapılmış olan ilk endüstriyel araştırmalardan geliyordu. Söz konusu araştırmanın amacı, hangi değişikliklerin fabrikanın üretimini arttırıp azalttığını görmekti. Fakat, ne tür değişiklikler yapılırsa yapılsın, üretimin sürekli artması araştırmacıları tam anlamıyla şaşkına çevirmişti.

Araştırmacılar, işçilerin araştırmanın parçası olmayı sevdikleri, buna bağlı olarak da verimlerinin arttığı sonucunu çıkarmışlardı. Böylece "Hawthorne Etkisi" terimi, katılımcıların deneyin bir parçası olduklarını bildiği durumları belirtmek için kullanılır oldu.

Max, dergi muhabirliği yaptığı yıllarda Hawthorne hakkında yazdığını söyleyerek, "Hawthorne hakkında 1940'larda yazdım ve o zamandan beri onun üstüne konuşmaktan vazgeçmedim. Bütün endüstriyel psikolojiyi bir tarafa atıp sadece Hawthorne'u elinde tutsan bile, kârdasın. Daha önemlisi, bütün yönetim kitaplarını bir tarafa koyup sadece bir kitabı, *Management and the Worker* isimli Hawthorne raporunu elinde tutsan bile kârda olursun."

HAWTHORNE ATÖLYESİ

Hawthorne Atölyesi, Şikago'daki büyük bir telefon fabrikasıydı. Bu atölye, AT&T'nin üretim birimi olan Western Electric Company'nin en büyük fabrikasıydı. Deneyler 1924'te başladı, ama öyle büyük amaçlar yoktu. İlk amaç, ışık şiddetinin işçilerin verimi üzerindeki etkisini incelemekti. Araştırma sorusu şuydu: "Fabrika daha fazla aydınlatılmalı mı?"

Max'in yorumu şöyleydi: "Basit deney, basit sonuçlar. Daha fazla ışık daha iyi. Işık artınca üretim de artıyor."

İLK SÜRPRİZ

"*Fakat* sürpriz arkadan geldi: Işık eski düzeye getirilince üretim azalmamıştı.

"Araştırmacıların aklı karıştı ve deneyi bir 'test', bir de 'kontrol' grubu olarak tekrarladılar. Test grubunda ışık üç farklı yoğunluktayken, kontrol grubunda tek bir ışık şiddeti vardı. Bu bulguları netleştirmeliydi, öyle değil mi?

"Hayır. Hem deney hem kontrol grubunda üretim artışı devam ediyordu."

İKİNCİ SÜRPRİZ

"Araştırmacıların nasıl bir tepki gösterdiğini tahmin edebilirsin. Akılları karmakarışık olmuştu. Bunun üzerine atölyedeki ışık miktarını *azaltıp* tekrar deneme yapmaya karar verdiler. Ancak aydınlatma düzeyi düşerken de verim artmaya devam etti. Işık o kadar azaltıldı ki, işçiler atölye çok karanlık olduğu, yaptıkları işi göremedikleri için şikayet etmeye başladılar. Üretim sadece o zaman düştü.

"Sonunda deneyi yapanlar ortada farklı bir şeyler döndüğünü anladılar; ama bu, ışık miktarı değildi." Max bu sonuca vardığını anlatırken dirseğiyle de bana vurmuştu; anlattıklarını o kadar dikkatli biçimde dinliyordum ki, Max'in dirseğini yeyince neredeyse yere düşecektim.

FAZLA KONTROL EDİLMEMİŞ BİR TEST

"Şimdi işin *püf noktasına* geldik," dedi kaşlarını tekrar oynatarak. "Araştırmacılar bir dizi yeni deney yapmak üzere yönetimle konuştular. Bu kez ışık miktarı yerine, 'çalışma molaları'nın, bizim deyişimizle 'kahve molaları'nın etkisini sınayacaklardı. Beş gönüllü işçi seçip onları ayrı bir odaya yerleştirdiler.

"Araştırma, modern ölçülere göre titiz biçimde hazırlanmamıştı. Günümüzde yapılan ve 'kusursuz' denebilecek araştırmalarda, bir defada tek bir değişken değiştirilir. Hawthorne'a bakınca, daha aydınlık olan küçük odaya geçmek ve daha kaliteli tezgâhlarda çalışmak gibi tüm değişkenlerin bir defada kullanıldığını görürüz.

"Fakat gönüllü işçilere -gönüllü işçilerin hepsi kadındı- eski yüz kişilik grup üretimine göre değil, beş kişilik küçük grup üretimine dayalı bir ödül sistemi uygulanmış, konuşma gibi bazı kurallar gevşetilmişti. İşçiler, bir sürü yönetici gözlüyordu.

"Bu yeni ortamda sınanmak istenen değişken, çeşitli mola süreleriydi.

"Mola süresi ne kadar olursa olsun, grubun üretiminin yüzde 30 kadar artması araştırmacıları şaşkına çevirmişti. En inanılmaz olay, kadın işçilerin hiç mola verilmeyen standart programa geldiklerinde, üretimlerinin rekor düzeye çıkmasıydı.

"Öyleyse, deneyin bir araştırma felaketi olduğunu söyleyebilirsiniz. Projenin amacı molalara göre sonuçlar çıkarmaktı. Bu durumda nasıl bir sonuç çıkarılabilirdi? Öbür yandan, üretim de yüzde 30 oranında artmıştı ve bunun nedeni neydi?"

"ŞEVK"E KARŞI ÜCRET

Tahminde bulunmamı isteseydi, işin püf noktasının farklı teşvik ücreti olduğunu söylerdim. Fakat Max, araştırma raporunu kaleme alanların, ücretler arasındaki farkın çok küçük olduğu, bunun da üretim artışının en fazla yarısını açıklayabileceği sonucuna vardıklarını söyledi. Öyleyse diğer yarısı neydi?

Max konuşma metnini aldı ve yazarların 1939'daki yeni atölye ortamına ilişkin olarak elde ettikleri sonuçları gösterdi:

> *[Gönüllüler] utangaçlık ve korkularını ya da "otoriteden hoşlanmamak" duygusunu yitirmişler. Kendi aralarında ve kendileri hakkında konuşurken, şirket görevlileri ve gözlemcilerle konuşurken olduğundan daha özgürler. Işten daha fazla zevk alıyorlar. Üyeler arasında yeni bireysel ilişkiler ortaya çıkıyor ve bu ilişkiler güçlü arkadaşlıklara dönüşüyor. Birbirlerine ev ziyaretlerine, hep birlikte partilere, dansa ve sinemaya gidiyorlar... Işte kendini iyi hissetmeyen bir arkadaşlarının dinlenmesini sağlamak üzere üretimi arttıran birini [işçi] bulmak her zaman mümkün.*

HAWTHORNE'UN DERSLERİ

Max Elmore, Hawthorne çalışmalarını anlattıktan sonra kendi görüşünü söyledi. "'Hawthorne Etkisi' denince, araştırma deneklerinin tutumlarını kontrol etmede karşılaşılan başarısızlıkla ilgili bir uyarı akla gelir.

"Evet, modern sosyologlar beyzbol sopasını ters tutup yanlış dersler çıkarmışlardır. Hawthorne'un, dikkatsizce tasarlanan bir araştırma, başarısızlıkla biten bir deney olduğunu düşünüyorlar. Fakat biz daha iyisini biliyoruz. Hawthorne'dan alınacak en büyük ders, deneylerin asla sonuçsuz kalmamasıdır. Şimdi Hawthorne'dan alabileceğimiz derslere bakalım:

"Bir, insanlar deney yapmayı sever ve bunda gönüllü olurlar!

"İki, insanlar bir takıma katılmayı isterler ve 'deney' grubu elit bir takımdır. İnsanlar bir takımın parçası olduklarına inanır inanmaz, birbirlerine yardım etmeye başlayıp bir denetmenin işinin büyük kısmını üstlenirler.

"Üç, modern araştırmacılar 'mükemmel' araştırma şemaları arıyor, yani kendilerini hiçbir şey göremeyecek hale gelene dek sınırlıyor, yaşamın sinerjisini kaçırıyorlar. Sessizce ve küçük bir değişiklik yaparsanız, hiçbir şey olmaz. Fakat bu 'hiçbir şey'leri açıkça ve hepsini bir defada değiştirirseniz, büyük şeyler elde edersiniz: Hawthorne örneğinde bu büyük şey, üretimin yüzde 30 oranında artması olmuştur. Demek ki bizim Hawthorne'dan alabileceğimiz ders, herşeyi değiştirmek ve değişen şeyi tekrar değiştirmektir."

YENİ BİR ŞEY

Max düşünerek yüzünü tavana çevirmişti. "Sanırım hâlâ çalışıyor olmamın nedeni, deney yapmanın verdiği sevinç. İnsanları bu deneylere katılmaya çağırarak, söz konusu takımların bir parçası oluyorum. Takımın sloganı hep aynı: 'Hadi, yeni bir şey deneyelim.'"

O anda tekrar bana döndü ve havlayan kahkahalarından birini atarken bacağımı sıktı. "Benim yaşamım," dedi, "uzun bir Hawthorne Etkisi'dir."

10

Max bacaklarını uzatırken, uyuklayan yolcuları süzdü. Yumuşak bir sesle, "Biraz dinlenmene izin versem iyi olacak," dedi.

"Biraz dinlenmene izin versem iyi olacak" sözünü duyunca merak içinde kalırım. Acaba bunu benim için mi, kendisi için mi istiyor? Ben genellikle ikincisini kabul ederim, ama bu defa öyle olmamıştı. Yorgun değildim. Başka şeyler anlatmasını istiyordum ve bunu ona söyledim.

ÇALIŞMANIN BÜYÜSÜ

"Gerçekten mi?" diye sordu şaşırarak. "Siz, zor bilgileri alacak kapasiteye sahipsiniz." Ayağa kalktı ve "Her tarafım kaskatı, hadi yine yürüyelim," dedi.

Koridorda duvarlara yaslanarak uyuyan mavi ya da

gri takım elbiseli, çoğu işadamı olan insanları geçerken, arkadaşım biraz melankolik bir havaya girmişti: "Şu insanlara bak. Bunların İngiltere'de Endüstri Devrimi'nin ilk yıllarında Londra'ya giden çiftçilerden pek farkı yok. O'hare'de uyuyan bu zavallı kedicikler, Endüstri Devrimi'nden sonraki en büyük ekonomik değişikliğin içine dalmışlar ve bunu bilmiyorlar. Patronları bile bilmiyor.

"Bak şunlara, genç arkadaşım. Yenilmişler. Bozguna ve hayal kırıklığına uğramışlar. Rüyaları yok. On sekizinci yüzyılda insanların ölümüne çalıştıkları fabrikalar vardı. Bugün bedensel çalışmanın yerini zihinsel çalışma aldı, fakat toplumumuz aynı derecede acımasız. Yirminci yüzyılın sonunda işçilerin sırtına bindirilen zihinsel yükler bir gün dehşetle incelenecek."

"Bunun neresi yanlış?" diye sordum.

"Hepsi ve hiçbir tarafı. Bazı endüstriler düzensiz yönetimden zarar gördü. Bazılarına yabancı rakipler çıktı. Şu sıralarda İkinci Dünya Savaşı'ndan sonra doğan çocuklar piyasayı doldurdu ve kariyer oyununa daha fazla kadın girmeye başladı. Hem işverenlerin hem çalışanların rekabeti yoğunlaştı. Başka bir deyişle, kapitalizmin 'gizli eli' bizi tokatlayıp duruyor." Max bir an için beni şaşırtarak, o sessiz koridorda ellerini birbirine vurdu.

BÜYÜK SIKIŞMA

"Şimdi aşırı kapasite döneminde yaşıyoruz. Bu, sadece eski endüstri kapasitesi anlamında -çok fazla alüminyum ya da çok fazla yarı iletken olması- değil, hemen her türden çok fazla işletmenin bulunması anlamındadır. İhtiyacımızdan fazla fast-food restoranımız, kuru temizlemecimiz, fotokopi dükkânımız var. Yine çok fazla profesyonel, çok fazla muhasebeci, çok fazla avukat ve çok fazla yazar var.

"Aşırı arz fiyat rekabeti doğuruyor. İşletmeler fiyatları sıkıştırıyor. Kâr sınırlarını nasıl koruyabilirler? Kendilerini sıkarak, satın aldıkları şeyler ile çalışanlarını azaltarak. 'Maliyet düşürücü' faktörlerin şirketlerde yıldızlaştığı bir dönemdeyiz. Pöh. Ekonominin iyi ya da kötü gitmesine bağlı olarak bu durum bir süre daha devam eder. İşte bu nedenle, yine şirkete bağlılık ya da iş güvenliğinin ön planda olduğu bir zamana doğru gitmekte olduğumuzu sanmıyorum. Yaşamımızı Büyük Sıkışma koşullarında sürdüreceğimiz belli oluyor."

Bunun üzerine, konuşmamızın başını hatırlayıp "Başladığımız yere geliyoruz. Başta da korku ve beklentiler hakkında konuşuyorduk," dedim.

Benim yorumum yaşlı arkadaşımın bir anısını canlandırdı. Yürümeyi bıraktı ve bana doğru döndü. "Yıllardır düşünmemiştim. Fakat Orson Welles hakkında şimdi aklıma gelen bir öykü var.

"Bu öykü beni 1950'lere götürdü. Welles, bir film yönetmeni olarak gücünün, aktör olarak gururunun zirvesindeydi. Bu bizim tanıdığımız sıcak, samimi Welles değil, kızgın, zorba Welles'tir. İşte bu kızgın, zorba Welles, CBS televizyonunun kendi filmlerinden bir dizi yapmasına karar verdi. CBS'in başkan yardımcısıyla bir toplantı düzenledi, ona filmi gösterdi ve görüşünü sordu.

"Başkan yardımcısı sinirli bir ses tonuyla yanıtladı: 'Çok güzel. Filmi sevdim. Fakat *sıradan insanların* bu filmi anlayabileceğine inanıyor musunuz?'

"Welles, başkan yardımcısına cevabı yapıştırıverdi: 'Eh, *sen* bile anladıktan sonra.'"

Max bu öyküyü bitirdiğinde öyle çok güldük ki, uyuklayan iş adamlarından biri, sağından soluna dönüp bize küfredecek kadar uyanıverdi.

ORTALAMANIN ÜSTÜNDE VE DIŞINDA

Max daha sonra yürüyüşümüz sırasında söylediklerini toparladı: "Hepimiz ortalamanın üzerinde olmayı ister ve bekleriz. Ancak işletmeler aşırı kapasiteyle çalışıyor ve rekabet çok acımasız. Etrafa bakıp yetenekli insanların hepsinin ikinci dereceli işlerde çürüyüp gittiğini görüyor, böylece durumun umutsuz olduğu sonucuna varıyor, bugünün dünyasında başarılı olabilmek için bir mucizeye, bir sihre ihtiyaç olduğunu anlıyorsunuz."

Yaşlı çocuğun mıncıklamalarıyla omzumda yeni morluklar oluşmuştu. "İşte," diye bağırdı sessizlikte patlayan bir gürlükle, "tam ihtiyacımız olan şey: *sihir*. Yaşamda istediğimiz sihir değil mi? Bizim şaşırtılmaya ve sürprizlere ihtiyacımız var. Ve bu *sihir* yaşamın büyük komplimanlarından biri. Birinin hakkınızda şöyle dediğini düşünün: 'İnisiyatifi ele aldı ve *sihirli* bir iş yaptı.'"

Max'in heyecanı duvar dibinde uyumaya çalışanların homurtularını arttırmıştı. "Bunun deneyle ne ilgisi var?

Hawthorne Etkisi sihirli bir olay mıydı?" diye sormadan önce yürümeye başladık.

BAŞARININ SIRRI

Bu defa Max durdu ve iki eliyle birden kolumu tuttu. "Dur bakalım, genç arkadaşım. Atlamamamız gereken bir adım var. Sana başarının sırrını anladığım anı anlatmalıyım.

"Muhabirlik günlerimde hakkında yazı yazdığım adamlardan biri Walt Disney. Kendisine Walt Amca denmesinden hoşlanırdı. Walt Disney her tarafından zekâ fışkıran bir adamdı. Bir gün kendisine başarısının 'sırrı'nı sorduklarında şöyle yanıtlamış: 'Bir şeyi öyle güzel yap ki, insanlar onu tekrar yaptığında görmek için para versinler.'

"Bu ilkenin Disney'in filmleri ve eğlence parklarıyla nasıl somutlandığını görebilirsiniz. Ama Walt Amca bunu nasıl yaptı? İnsanları, tekrar tekrar gelecek kadar şaşırtıp sevindirmeyi nasıl başarıyordu?

"Çocuğumu yıllar önce bir Disney filmi olan *Pamuk Prenses*'e götürdüğümde aklım bu sorularla doluydu. Filmde Pamuk Prenses'in kuyunun başında durduğu bir sahne vardı. Pamuk Prenses etrafında bulunan beyaz güvercinlere bunun bir dilek kuyusu olduğunu söyler ve doğrulamak istercesine 'Prensimi bekliyorum' gibi bir dilek tutar. Daha sonra Pamuk Prenses'in yüzünü kuyunun dibindeki suyun üzerinde görürüz. Su damlaları kuyuya düşüp suda halkalar oluştururken, Pamuk Prenses'in titreyen görüntüsünü seyrederiz. Şimdi, halka halka olmuş bir su yüzeyinde, titreyen bir çehrenin yansımasını çizmeyi düşünün. Bunun, bilgisayar animasyonlarından çok zaman önce ne kadar zor bir iş olduğunu düşünün.

"Walt Disney, sanatçılarını böylesine küçük bir bölüm için niçin saatler boyunca çalıştırmıştır? Disney personelin başına MBA sahibi birini koysaydı, bu insan şunu söylerdi: 'Siz deli misiniz? Şu anlamsız su sahnesini çıkarın. Bu sahne filme hiçbir şey katmıyor.'"

Ardından Max, bu düşünceyle eğlenerek bir kahkaha attı. "Bak, aklıma geldi. Bu MBA'li kişi ile Walt Disney bugün konuşacak olsaydı, MBA'li kişi şunu da eklerdi: 'Bu su sahnesini kesmişken, neden yedi cüceyi de altıya indirmiyoruz?

Ben tepki gösterecek zamanı bulamadan Max devam etti: "Fakat Walt Amca MBA'li değildi; o bir sanatçıydı. Su sahnesi filmde kaldı. Niçin? Çünkü daha önce yapılmamıştı ve çok zordu. Walt Amca burada *gösteriş yapıyordu*.

"O anda, kızımla birlikte salonda otururken, dahinin ne olduğunu anladım. *Pamuk Prenses* filmindeki o sahne kulağıma başarının sırrını fısıldar gibiydi..." Max sesini öylesine alçaltmıştı ki, duymak için eğilmek zorunda kalıyordum: "Bu, olması gerekenden daha iyidir."

Son sözünü söylemeden önce yine yürümeye başladı. "Gerçek başarı, olması gerekenden daha iyi olmaktır. Sadece iyi olmak değil, şaşırtıcı olmaktır. Sihirli olmaktır. "

Ne söylediğini anlamıştım. Fakat bu öğüdün bir faydası olacağa benzemiyordu. Daha pratik bir şeyler umuyordum. O ise "deha" ve "sihir"den söz ediyordu. Bu iki parçayı kendi başıma nasıl düşünecektim?

BAŞARININ MANTIĞI

Hayal kırıklığımı yansıtınca beni susturdu. "Sabırsız olma," dedi. "Yo, yo. Söylediğimi unut: Sabırsız ol. Ama flütçü Jean-Pierre Rampal için konuştuklarımızı hatırla. Rampal 'mükemmelden daha iyi' olmayı istemişti. Şimdi Disney'e bakıyor, onun da olması gerekenden daha iyi olduğunu görüyoruz. İkisi de mantıksız görünüyor, değil mi? Öyle değil ama. Sadece farklı bir mantığın değişik parçaları. Bunu Farklılığın Mantığı olarak adlandırabiliriz. "

Tekrar etrafımızda uyuyan insanları işaret etti. "Bunların hepsi ortalamanın üzerinde olmayı isteyen insanlar. Nitekim öyleler de. Başarılı satış elemanları, mühendisler, hesap kontrolörleri. Problem, ortalamanın üstündeki insanların sayısının çok olmasıdır. Artık ortalamanın üstünde olmak, ortalama olmak haline gelmiştir."

DAHA ÇOK FARKLILIK, DAHA AZ AYNILIK

"Trajedi şurada ki, bu insanların hepsi, daha iyi olmak istedikleri için, sadece başarı konusunda öğrendiklerini uyguluyorlar. Daha çok çalışmak ve olumlu düşünmek.

Hiçbir heyecan duymadan, saatlerce çalışıyor ve tekrar tekrar aynı şeyleri yapıyorlar.

"Bu, standart yaklaşımdır: Daha fazla yapın. Ve etkili de olur. Aslında, şunu düşünün: Bu, Japonların uyguladığı basit strateji değil midir? Sizin ürettiğiniz yüz maldan on tanesi hatalıysa, bizimki beştir. Sizin ürettiğiniz malın üç özelliği varsa, bizimkinin altı özelliği olur. Japonlar azar azar arttırma ustalarıdır. Bunda başarılı da olmuşlardır. Otomobil sanayiinde, hatalı arabaların oranı sıfıra yaklaşıp Amerikalılar kendilerine yetişinceye kadar iş etkili olmuştur."

Tekrar yürümeye başladığımız noktaya gelmiştik. Max kâğıtlarını karıştırarak, William Hamilton'un çizdiği bir karikatür çıkardı. Elindeki karikatür, telefon görüşmesi yapan bir yöneticiyi göstermekteydi. Alt yazı ise şöyleydi: "Bak, Margo, ne kadar çok çalıştığımla övünüp tartışacak zamanım yok. Sen de biliyorsun ki, burada haftada yüz saat çalışıyorum."

Bu defa kahkaha atmadı ve fısıldarcasına şunları söyledi: "Havaalanındaki insanların çoğunun yaşamı böyle. Kimin en fazla çalıştığını göstermeye sabitlenmiş, korkunç ve ruhu tüketen bir rekabet."

YENİ BİR OYUN

Max daha sonra ekledi: "Bu rekabeti kim kazanır? Hiç kimse. Herkesin kaybettiği bir oyundur bu. Öyleyse yeni bir oyun seçin."

"Gerçekten böyle bir oyun var mı? diye sordum.
"Var tabii. Dene de gör."
"Tabii."

11

Bu noktaya gelinceye kadar, yeterince felsefe dinlemiş olduğumu hissettim. Max'e, pratiğe dönmeye ve bu deneysel sihri nasıl uygulayabileceğimi öğrenmeye hazır olduğumu söyledim.

Max, "Bunu öğrendin, çocuk," dedi. "İstediğin noktaya geldik bile. Temel sorun, zihnini açık tutmak. Bunu yapabilirsen, fikirler kafana üşüşmeye başlar. Senin ve kariyerin için istediğimiz şey tam bu."

BÜYÜK FİKİRLERE LAYIK OLMAK

Bu bizi fikirlerin nasıl ortaya çıktığı konusunda yeni bir tartışmaya soktu. Max, bana daha önce anlattığı Coca-Cola ve Levi's öykülerini hatırlattı. "Bunlar, zamanımızın en büyük ürün fikirlerinin ikisi, evrenin John Pemberton ile Levi Strauss'a armağan olarak verdiği hediyeler. Sadece onlara verilmiş."

Ne kadar şanslı olduklarını söyledim. Daha sonra yaşlı çocuk beni bir kez daha hayrete düşürdü: "Evren sana mükemmel bir fikir verseydi, sen çok değerli mi olurdun?"

Max yanıt vermemi beklemediği için çok sevinmiştim. "Şimdi bir an için kendini Atlanta'daki eczacı John Pemberton'ın yerine koy. Tesadüfen eczanenin arka odasına gidiyor, yanında çalışan iki elemanın sırf eğlence olsun diye, senin üzerinde çalıştığın ilaçları şişelerinden çıkardıklarını görüyorsun. Ne yapardın? Dürüstçe söyle. Ne yapardın?"

Doğruyu söyledim. Çok sinirlenir ve ikisini de o an işten atardım.

Ardından, kendimi Levi Strauss'un yerine koymamı istedi. Uzun bir deniz yolcuğundan yeni çıkmış, altın aramaya gitmek hevesiyle yerimde duramaz bir halde, eşyalarım ve çadır bezlerimle birlikte San Fransisko sokaklarında yürüyorum. Derken yoldan geçen bir madenci yanıma yaklaşıp soruyor: "Satılık pantalon var mı?" Ne yapardım?

Yine dürüst olmalıydım. Sanırım kızgın bir biçimde, "Hayır, satılık pantalonum yok. Kör müsün? Sadece çadır bezi satıyorum," derdim.

Böylece, bütün zamanların en büyük iki ürününün nasıl elimden kaçıp gitmesini seyredeceğimi anlamış oldum.

HATALAR: EVRENİN HEDİYELERİ

Max Elmore devam ediyordu: "Eminim, bugüne kadar onlarca fikir kaçırmışsındır. Açık fikirli olmak kolay değildir. Aslında, bizim kültürümüz 'tek fikirliliği' tutar. Büyük hata yapmaktan o kadar korkarız ki, bunların bize evrenin bir hediyesi olduğunu görmeye çalışmayız bile."

DÖKÜLEN YARATICILIK

Max, "İki yıl önce 3M şirketinin yönetim merkezine gitmiştim. Orada masaya yapıştırılan not kâğıtlarıyla çalışan bazı yöneticilerle tanıştım. Bu hikâyeyi herkes bilir, değil mi?" diye sordu. Benim de bu öykülerden birini bildiğimi söyledim. Bu yapıştırma kâğıtların zamkları çok kötüydü ve yapıştıkları yerlerden çok kolay biçimde çıkarılabiliyordu.

"Oradayken," diye devam etti, "not kâğıtları gibi başka güzel hikâyeleri olup olmadığını sordum. 3M'de çalışan kimyacılardan birisi, bir ölçü içindeki sıvıyı spor ayakkabılarının üzerine dökmüş. Kimyacı daha sonra, spor ayakkabıları üzerindeki bazı noktaların dökülen sıvı nedeniyle temiz kaldığını anlamış."

"3M'de çalışan birine yeni bir ürünün tesadüf sonucunda icat edilmesine ne kadar sık rastlandığını sordum. Bana şunları söyledi: 'Öyle ki, ürün geliştirme öykülerini biraraya getirdiğimizde hepimizi sıkıntı basıyordu. Bir sakarlar sürüsüydük. Şimdi, bu hikâyelerden bazılarını yayınlayıp yayınlamamaya karar vermeye çalışıyoruz.'

"Konuşmakta olduğum kadını yayınlamaları için zorladım. İnsanlar bu fikirlerin rastlantıya bağlı olduğunu bilmeliler. Fakat o, 3M'in araştırmalara yılda bir milyar dolar para harcadığını söyleyerek, böyle bir yayının insanların 3M'in ciddi araştırmalar yerine rastlantılar peşinde koştuğunu sanmalarına yol açacağını söyleyerek karşı çıktı.

"Fakat 3M, milyarlarca doları gerçekten böyle rastlantılarla kazanmıştır. Birçok açık fikirli insan, büyük bir fikirle karşılaşmayı bekliyor. Buradaki tehlike, utanmak değil, harika bir fırsatı kaçırmaktır."

KEŞFEDİLEN VE YENİDEN ELDE EDİLEN BİR ŞEY

Max, daha sonra, bir zamanlar Dr. Don Cooper isimli biri hakkında okuduklarından söz etti. Max, Cooper'ın deneyimini o kadar ilginç bulmuş ki, daha fazla şey öğrenme merakıyla Oklahoma'ya kadar gitmiş.

Cooper başarılı bir doktormuş. Normal görevinin yanısıra, Başkanlık Konseyi'nin spor doktorluğu ile Oklahoma Eyalet Üniversitesi futbol takımının doktorluğunu da yürütüyormuş. Başarılı bir adam. Yapay solunum aygıtını icat edebilecek nitelikte, ama etmemiş bir adam.

İşte Max'in anlattığı hikâye: "1950'li yılların başında, Don Cooper Kansas City'de bir hastanede asistanmış. Hastaneye çeşitli ağrılardan şikayet eden bir adam gelmiş. Genç Cooper yeni hastayı muayene etmeye kalkışınca hasta sinirlenmiş ve kendini muayene ettirmek istememiş. Cooper hastanın aslında bir psikiyatriste başvurması gerektiğine karar vermiş. Daha deneyimli bir doktor ararken, birisi hastaya bir sakinleştirici iğne yapıp daha sonra psikiyatri bölümüne götürmesini önermiş.

"Cooper damardan iğne yapmaya hazırlanırken, hastası daha şüpheci ve çekingen davranmaya başlamış. Bir sonraki aşama, damardan sakinleştirici bir iğne yapılmasıymış ve çok dikkat edilmeliymiş. İğnenin çok çabuk yapılması ölümle sonuçlanabilirmiş. Genç asistan tam iğne yapacakken hasta kalkıp gitmeye karar vermiş. Bu itiş kakış sırasında Dr. Don Cooper şırıngadaki sakinleştiriciyi hastaya şırınga etmiş. Hasta sırt üstü devrilip ölmüş!

"Panik içindeki genç asistan hastanın göğsünü dinlemiş, ama hiçbir şey duyulmuyormuş. Kalp durmuş. O zamanlar kalbi yeniden çalıştırmak için bir işlem bilinmiyormuş. Başka bir deyişle, genç Dr. Cooper hastalarından birini öldürmüş.

"Ölü adam masanın üstünde yatarken, Cooper'ın duyguları alt üst olmuş. Adam ölmüştür ve Cooper'ın kariyeri muhtemelen sona erecektir. Cooper umutsuzluk ve kızgınlıkla adamın göğsüne, tam kalbinin üzerine öyle bir yumruk atmış ki, kalbi yeniden çalışmaya başlamış.

"Ölen adam öksürmeye başlamış. Şaşkınlık içindeki Cooper adamın kalbini tekrar dinlemiş. Adamın kalbi düzensiz de olsa atıyormuş. Cooper adamı bir kez daha yumruklayınca kalp normale dönmüş."

"Bu kadar mı?" dedim "Adam iyileşmiş mi?"

"Evet. Ve uyandığında, 'Kendimi daha iyi hissediyorum, ama göğsümde bir ağrı var' demiş. Bunun üzerine Cooper 'Belki sizde göğüs zarı iltihabı vardır' diye yanıtlamış."

Max kıkırdayıp "Komik hikâye," dedi. "Acıklı hikâye. Hasta için mutlu son, tıp bilimi için acıklıdır. Don Cooper'a bu deneyimini bir tıp dergisine yazıp yazmadığını sordum. 'Deli misin?' diye yanıtladı. 'Ben adamı öldürdüm. Onu susturmak istedim. Bunu da aradan otuz yıl geçtikten sonra anlatıyorum.' Yapay solunum aygıtının keşfedilmesi yaklaşık on yıl sonra gerçekleşti ve geçerli bir yöntem olarak kullanılmaya başlandı."

HERŞEYİ DENEYİN

Coca-Cola, Levi's ve yapay solunum aygıtı hakkında düşünmek, bana "rastlantıbilim" tartışmamızı hatırlattı. Max'e dönüp ve "Şimdi bana sadece arkama yaslanıp oturmamı, beklememi, gözlememi ve böylece büyük bir fikir yakalamamı söylüyorsunuz," dedim.

Max, elini tutup parmaklarıyla yanıtları sayarken sırıttı. "Hayır, hayır, evet, evet. Arkaya yaslanarak oturmaya, *hayır*; beklemeye, *hayır*; gözlemeye, *evet*; büyük fikir yakalamaya *evet*. Unutmamamız gereken bir evet daha: Yeni fikirlerle deney yapmaya, *evet*.

"John Pemberton arkasına yaslanıp oturmuyordu. Baş ağrısı ilacıyla onlarca yeni ürün elde etmeye çalışıyordu. Rastlantı onun bir şey keşfetmesi değil, ilaç yerine bir meşrubatı keşfetmiş olmasıydı. Levi Strauss arkasına yaslanıp oturmuyordu. Bütün ülkeyi baştanbaşa gezerek ne satabileceğini araştırıyordu. Bu ikisini Don Cooper'la karşılaştırın. Don Cooper tam önünde ortaya çıkan büyük bir fikri gördü, fakat bu fikri değerlendirip denemeye isteksizdi."

"Öyleyse," dedim "Sonuç şu değil: 'Bir şey yapmayın, büyük fikir size gelecektir.' Sonuç şudur: *'Herşeyi yapın,* çünkü büyük fikirlerin nereden geleceğini asla bilemezsiniz.'" Doğru sonucu bulmuş olmalıydım. Çünkü Max dizimi sıkarak beni bir dizi morlukla ödüllendirmişti.

YENİLİK SEÇENEĞİ

Daha sonra, "Bu konuda sizi rahatsız etmekten nefret ediyorum, fakat benim durumuma uygulanabilir mi? Ben sadece bir şirket çalışanıyım," dedim.

Gözlerini döndürüp inleyerek bana bir gösteri yaptı. "*Herkes* bunu söylüyor: Bu başkası için kolay. Tabii, *onların* zamanı var; evet, paraları var, bağlantıları var." Daha sonra koridorda havlar gibi bağırdı: "*Hayır.*" Sonra neredeyse fısıldayarak ekledi: "Onların sahip olduğu şey, geriye bakınca kolay görünüyor. Yenilikler, icatlar gerçekleştikten sonra basit gelir."

Max bir an düşünmeme izin verip devam etti: "Ne demek istediğimi daha iyi anlatacak bir örnek vereyim. San Francisco'da erkek giyim eşyası satan bir mağazayı örnek alalım. Bu mağazanın işleri kötüleşmiş ve zarar etme noktasına gelmiştir. Bir şirkette çalışan birisi olarak problemleri aklına getirebilirsin. Düşün ki, haftada altmış saat çalışıyor ve para kaybediyorsun. Sanki seni çalıştırsınlar diye şirketine para veriyorsun.

"Mağazanın sahibi işi bırakmaya hazır. Fakat David Wing isminde, benim de tanıdığım ve küçük işletmelere danışmanlık yapan biriyle konuşmaya karar veriyor. Mağaza sahibi çok fazla para harcamaya yanaşmıyor, fakat kötü gidişi durdurmayı istiyor. Olanaksız, değil mi? Derken bu David Wing gelir ve biraz inceleme yaptıktan sonra mağaza sahibine şunları söyler:

"1) Mağazadaki herşeyin yerini değiştirin.

"2) Mağazayı saat onda değil, yedi buçukta açın.

"3) Büyük bir akvaryum satın alın.

"Aslında David Wing'in deli olduğunu düşünürdün, değil mi? Fakat buradaki mantık şu: Mağazanın önünden geçen önemli bir yaya trafiği vardı. Akvaryum yoldan geçmekte olan insanların dikkatini çekerdi. Niçin bir akvaryum?

"'Çünkü,' dedi Wing, 'Erkek elbiseleri satan bir mağazada hiç akvaryum görmedim.' Başka bir deyişle, bu sadece değişiklik uğruna yapılan bir şey değildi. Bu değişiklik mağaza personelinin pek çok yaratıcı düşünce ortaya atmasını sağlamıştır. Örneğin, akvaryumun üstündeki merdivende, sanki balıklara yem veriyormuş gibi duran bir manken vardı.

"Sonra, mağazadaki malların hepsinin yerlerinin değiştirilmesinin de belli bir amacı vardı. Malların yerlerinin değiştirilmesi mağazayı daha farklı gösterecekti. Mağazadaki bütün malları başka yerlere koyarsanız, müşteri her tarafta farklı mallar görür.

"Son olarak, Wing'in mağazayı daha erken açma fikrine geldik. Plan şuydu: İşlerine gitmekte olan işadamları o gün katılacakları büyük bir toplantı için istedikleri bir kravatı görebilir ya da o gün daha kalın bir giysi ya da şemsiyeye ihtiyaç duyabilirlerdi."

YÜZDE OTUZLUK BİR GELİŞME

"Mağazanın işleri hemen yüzde otuz arttı ve tekrar kâr etmeye başladı.

"Geriye bakarsak, mağaza sahibi çok az seçeneği olduğunu düşünüyordu -fiyatları düşürmeye dayanamazdı, büyük bir reklam kampanyasına ya da mağazanın modelini yenileştirmeye gücü yetmezdi. Buna karşın, hâlâ değiştirip hepsini bir anda yapabileceği çok şey olduğunu anlamıştı. Mağazayı daha uzun süre açık tutmak, işini yüzde beş oranında arttırabilirdi. Mağazadaki malların yerini değiştirmek ve bir akvaryum almak da işleri arttırabilirdi. Fakat üç değişikliği aynı anda gerçekleştirmek, müşteriler üzerinde Hawthorne Etkisi yaratmıştı. Müşteriler bir şeyler olduğunu anladılar ve kontrol etmek istediler. Bahse girerim, mağaza çalışanları da Hawthorne Etkisi'ni hissettiler, çünkü onlar da deneyin bir parçasıydılar. Bu, personelin moralinin artması ve ardından müşteri hizmetlerinin kalitesinin yükselmesi demekti.

"Erkek giysileri satan mağazanın satışlarının yüzde

otuz oranında artmasıyla, Hawthorne fabrikası deneylerindeki yüzde otuzluk artışın akla getirdiği rastlantıya dikkat edin."

Hemen şu soruyu soruverdim: "Öyleyse, bu artış hep yüzde otuz civarında mı kalacak? Yirmi ya da kırk olmaz mı?"

"Yüzde yirmi ya da kırk, yüzde sıfır ya da iki yüz olabilirdi. Yüzde otuz rakamı benim kafamda. Somut bir gelişme, değerli bir amaç. Hayır, piyango vurması gerekmiyor. Fakat Coke'un ya da Levi'nin fikirleri gibi, yaşam boyunca bir kez olacak bir şeyi beklemenin ne anlamı var? Beklersen, hiçbir zaman deneyip bir fikir bulamaz ve önünden geçip giden onlarca yeniliği kaçırmış olursun."

BİR DENEYCİ ÜNÜ KAZANMA

Max Elmor dirseğiyle beni dürtüp gülümseyerek, "İşte böyle, genç arkadaşım," dedi, "verimliliğini ve gelirini yüzde otuz arttırabilirsin, değil mi?"

Ona beklediği yanıtı verdim.

"Evet. Yapabildiğin herşeyi değiştir. İnsanların senin değiştiğini farketmelerini sağlayacak kadar. Herkeste bir merak uyandır. Deneyci olarak ün yaparsan, insanlar fikirlerini sana getirir."

Ne demek istediğini anlamıştım, fakat hâlâ nasıl değişebileceğimi anlayamıyordum. Çalıştığım şirketin bir sürü politikası ve kuralı vardı. Ne kadar özgürdüm? Çok değil.

FİKİR KAYNAĞI

Yanıt olarak şunları söyledi: "Fikirleri nasıl ürettiğimi anlatacağım. Daha sonra onları denemek istersen -bu havaalanını açarlarsa-, evine dönerken yapacağın bir ödev vereceğim. Önce üç liste yap.

"Birincisi, kariyerinde yaptığın her hatayı yaz. Evrenin sana neler fısıldadığını dinle. Senin kariyerinde de yapay solunum aygıtları keşfedilmeyi bekliyor olabilir.

"Daha sonra, sorunlara geç. Mesleğinde yaşadığın her sıkıntıyı ve başka insanların şikayetlerini bir liste halinde sırala. Kahraman olmak istiyorsan, bir başkasının problemini çöz.

"Son olarak, işinde yaptığın herşeyin bir listesini yap. Herşeyi değiştirmek istiyorsan, önce *herşeyin* bir listesini çıkararak işe başla."

En son listeyle neyi kasdettiğini anladığımdan emin değildim. Bunu sorunca şöyle yanıtladı: "Hemen şimdi, işinde yaptığın bir şeyi söyle."

"Üst yönetim için satış verilerini özetleyen raporlar yazmak."

"Demek ki 'Rapor Yazmak' listendeki başlıklardan berisi olacak. Fakat bir taslak hazırlıyormuş gibi, bir sürü ayrıntı ekleyip alt başlıklar koymayı ihmal etme. Listede raporları nasıl yazdığını -attığın bütün adımları- belirt. Raporları ne zaman yazarsın, bilgiyi nereden alırsın, raporları nasıl dağıtırsın? Tek başlık altında on, yirmi, hatta elli madde yazabilirsin.

"Bunu bitirince, aslında bitirmiş *sayılmazsın*. Asla bitiremezsin. Listeni sürekli değiştir. Yaptığın üç şeyi elinin altında bulundur ve her gün oku. Listeler, binlerce fikir türetebileceğin materyallerdir. Fakat şunu unutma: Artmış çadır bezlerini düşünmüyorsan, Levi's blujinlerini icat edemezsin."

12

Max abartılı bir biçimde ellerini ovuşturarak oturdu. "En kolayıyla başlayalım," dedi "Problemler ya da Şikayetler Listesiyle."

AİLE PROBLEMİ, KARİYER FIRSATI

Daha sonra her zaman yaptığını yaptı: Bana hikâyeler anlattı. En çok, Claude Olney hakkındaki hikâyeyi sevmiştim. Bu hikâyeyi özellikle sevdim, çünkü Olney'in *Where There's a Will, There's an A* (İstersen A Alırsın) isimli oyunu geliştiren video kaseti satın almıştım.

Bilmiyorsanız, söyleyeyim. Olney'in audio ve video programları büyük bir pazarlama başarısına sahipti. Olney bu kasetlerden bir milyonun üzerinde satmıştı. Fakat Olney bir kenarda oturup kaset dersleri satarak zengin olmaya mı karar vermişti? Hayır. O bir aile problemini çözmeye çalışıyordu.

"Olney'in problemi," diye açıkladı Max, "oğlunun da ders verdiği Arizona Eyalet Üniversitesi'ne yaptığı başvurunun kabul edilmemiş olmasıydı. Olney şartlı olarak kabul edilmede oğluna yardım ettiği halde, tecrübesi onu, oğlunun yardıma gereksinimi olduğunu kabullenmeye zorladı. Böylece, profesör oğlunun sorununu üstlendi ve kütüphaneye giderek ders çalışmayla ilgili kitapları kontrol etti. Ümitleri kırılmıştı. Bütün kitaplar aynı sıkıcı öneriyi yapıyordu: Çok çalış ve çalışırken televizyonu kapat, vb."

Hikâyenin bu bölümü bazı anılarımı anımsattı. Hangi öğrenci aynı dersi almamıştı ki?

"Fakat," diye devam etti "Olney, sadece daha ciddi ve çok çalışmanın oğluna yararlı olmayacağını biliyordu. Bu nedenle, tavsiye kitaplarını bir yana bırakıp, kendi sınıflarında en yüksek notları alan öğrencilerin nasıl çalıştıklarını anlamaya yöneldi.

"Olney, en iyi öğrencilerin sınıfta nerede oturdukları, nasıl çalıştıkları ve hangi hafıza teknikleri kullandıklarına dikkat etmeye başladı. Aynı zamanda diğer profesörlerin görüşlerine başvurup eğitim üzerine makaleler okumaya başladı. Sözgelimi, sınav kâğıtlarının görünümünün bir önemi olduğunu öğrendi. Northwestern'den bir profesör, yazısı çok kötü olan bir öğrencinin sınav kâğıdını kelime kelime tekrar yazmasını eşinden rica etmiş. Sınav kâğıtlarını değerlendirmesi için asistanına vermiş. Profesörün karısının çok güzel bir yazıyla yazdığı kağıtların hepsi A almış. Çirkin yazılarla yazılan kâğıtların çoğu C almış. Bu bir kozmetik değişiklik, elbette. Fakat oğluna gerçekten yardım edebilecek bir değişiklik.

"Bir örnek daha: Olney, matematik işlemlerinin gerekli olduğu sınavlarda, kolonların karışık yazılması nedeniyle pek çok işlem hatasının yapıldığını gözlemişti. Düzgün ve doğru yazılan kolonlar işlem hatalarını azaltmıştı.

"Olney, oğluna onlarca pratik çözüm önerisi verebilecek durumdaydı. Sonunda oğlu dekanın listesini yapıp şeref öğrencisi olarak mezun olacak düzeye gelmişti."

Max burada, Olney ile oğlunun çalışmalarının Hawthorne deneylerine benzediğini göstermek amacıyla durdu. Baba ile oğul birlikte çalışıp onlarca teknik denediler. Sonuca ikisi de şaşırmıştı.

"Fakat, ders çalışma fikirlerinin ticarete çevrilmesine ilişkin, benzer bir öykü daha vardı. Olney kendi fikirlerini, oğluna benzeyen ve notlarını yükseltmek isteyen öğrencileriyle paylaşıyordu. Ardından yeni bilgilerini bir seminer haline getirdi.

"Açıkça görülüyor ki, Claude Olney bir girişimciydi. Daha sonra bu dersi lise öğrencilerine vermeye karar verdi. Posta yoluyla öğrenci kaydetmeyi denedi ve gazetelere ilanlar verdi. Denemelerinin çoğu başarısız oldu, ama kendisini şanslı günlere de hazırlamış oldu.

"*Chicago Tribune*'deki köşe yazarlarından Clarence Peterson'a bir mektup yazarak, seminerleri yayınlamak isteyip istemeyeceğini sordu. Peterson ilgilendi ve onun yazısı sayesinde Olney üç binden fazla müşteri kazandı.

"Daha sonra, bir nikâh töreninde eski bir öğrencisiyle yanyana oturan Olney, sohbet sırasında ona kasetler ve seminerle neler yaptığından söz etmiş. Olney'in eski öğrencisi hocasıyla konuştuklarını, kızının okul sorunları olan başka bir arkadaşına anlatmış. Arkadaşın arkadaşı Olney'in kasetini almış ve kızı bu kaset sayesinde başarısını arttırmış. Bu mutlu baba da 'bilgi-satma' işine katılmış. Kısa süre içinde televizyonda da reklamı yapılan program, haftada binlerce kopya satmaya başlamış."

Sonra Max Elmore hikâye içinde iki hikâye anlattı.

"Aktör John Ritter'in rol aldığı reklamları görmüş olmalısın. Bu reklamlar yayınlandığı sırada John Ritter TV'de popülerliğinin zirvesindeydi ve kendisine yapılan pek çok reklam teklifini geri çevirmişti. Fakat Olney, 'Ona bir şans verelim' tutumuyla, çocukları olup olmadığını sormuş. Varmış. Bunun üzerine Olney, 'Ritter'e de kasetleri gönderelim,' demiş. Kasetler gönderilmiş ve John Ritter o kadar çok beğenmiş ki, kendi kurallarını çiğneyerek reklam filmlerine 'Evet,' demiş. Bu kararın Ritter açısından yararı da, satılan her kasetten bir pay almasıdır.

"*Istersen A Alırsın* gibi güzel bir başlık nereden çıktı? Olney, üniversitede *Üniversitede Daha Iyi Not Almanın Yolları* başlığını kullanıyordu. Bu başlık o zamanlar bir lise öğrencisi olan kızının fikriydi."

ÇOK ÇABA, AZ RASTLANTI

Max durakladı. "Böylece, insanlar Olney'le karşılaşıp ne kadar şanslı biri olduğunu düşünecekler, değil mi?"

"Tabii. Olney şanslıydı."

"Tamam. Ama o sadece şansıyla yetinmedi. Bir sorunu vardı ve bunu çözmek için olanca gücüyle çalıştı. Kaçımız çocuklarımıza yardım etmek için bu kadar çaba sarfediyoruz? Sarfetsek bile, kaçımız ilk iyi fikri es geçip onlarca yeni fikir geliştiriyoruz? Olağanüstü çaba harcanmayan, başarıyı küçük bir rastlantıdan ibaret gösteren bir başarı öyküsü düşünemiyorum.

"Böylece şu soruya geliyoruz: Başarının sırrı 'şans' değil, 'çaba' mıdır? Hem evet, hem hayır. Hiçbir zaman başarının tek bir öğesi olmaz. Olney'in öyküsünün temel öğelerine bakın. İyi bir baba olmak. Problem çözmek. Geleneksel yaklaşımlar ile klasik 'çok çalışma' tavsiyesini reddetmek. Girişimci olmak. Herşeyi denemek. Açık fikirli olmak, değerli bir şeyleri olduğunun farkında olmak. Sonra bir pazarlamacı olarak yeniden deneylere girişmek.

"İşte iyi bir soru: Bu büyük fikirleri Olney mi buldu, yoksa fikirler mi Olney'i buldu?"

FİKİR AKIŞI

"Evet," diye başladım çekinerek, "o sınav kâğıtlarını yeniden yazmak gibi eski fikirleri buldu. Kasetlerinin ismi ve 'bilgi-satma' bağlantısı gibi fikirler de onu. Yanıt, 'İkisi de' şeklindedir."

Beni alkışlamaya başladı. "Doğru, çocuk, doğru."

Ardından ekledi: "Olney kendini fikir akışına bıraktı. Senin sadece başlaman gerekiyor. Hangi fikrin iyi, hangisinin başarısız olduğunu anlamanın başka bir yolu yoktur. Sen mümkün olduğu kadar çok fikirle başla. Bu fikirler diğer fikirleri çeker. Sen başlar başlamaz, yeni fikirler gelip üstüne atlar."

Derken başka bir öyküye geçti.

VELCRO

"Fikirler sana gelir dedim de, Velcro'nun nasıl icat edildiğini biliyor musun?" Bilmiyordum.

"George de Maestral adında birisi, ormanın içinden evine doğru gidiyormuş. Olay yeri 1940'lar İsviçresi. Evine vardığında yün pantalonunun paçalarına yapışan pıtrakları görmüş. Bu pıtrakları fırçalamanın yararsız olduğunu biliyormuş. Hepsini tek tek eliyle sökerken, pantalonuna nasıl yapıştıklarını anlamaya çalışıyormuş.

"Pıtrakları mikroskop altına koyduğunda, küçük küçük çengellerin bir top oluşturduğunu görmüş. Kendi pantalonu da küçük ipliklerden yapılmıştı. Pıtrakların çengelleri pantalonundaki ilmeklere takılmıştı.

"George de Maestral kumaşları kullanarak pıtrakların sistemini yeniden incelemek üzere bir düzenek oluşturdu. Deneyleri yıllarca sürdü ve sonunda pıtrakların yaptığını yapabildi. Maestral yeni ürününe Velcro adını verdi. Velcro, Fransızca'da 'kadife' anlamına gelen *velour* ve 'çengel' anlamına gelen *crochet* kelimelerinin ilk hecelerinin birleştirilmesiyle çıkıyordu."

Âdeti olduğu üzere George de Maestral ve Velcro'dan ne öğrenebileceğimizi sordu. Maestral'ın bir sorunu alarak ticarete dönüştürdüğünü söyledim. Max hızla "doğru" diye yanıtladı. "Şimdi de bir ikramiye sorusu: George de Maestral sorunu çözdü mü?"

"Pıtrakları pantolon paçasından sökebilme sorununu çözmedi, değil mi?" diye yanıtladım.

Max, "Sana bir sorunlar listesi yapmanı önerdiğim zaman," diyerek devam etti, "niyetim yaratıcılığını daraltmak değil, genişletmekti. İnsanlar her zaman 'problem bir fırsattır' der. Onların söylemek istedikleri, genellikle, her problemin, onları ele alış biçiminizi ortaya koymanın bir fırsatı olduğudur. Problemleri 'çözmeye' karar verirsiniz, başka bir deyişle 'halletmeye' ya da 'yenmeye.' Fakat Bay Velcro pıtrakları 'çözmedi', onlara arkadaşça davrandı. Hindistan'da bir söz vardır: "Nehir kenarında yaşamayı düşünüyorsanız, timsahlarla arkadaş olun."

Bunun hayaliyle gülümsedim, fakat demek istediğini tam anlamadan başımı sallıyordum. Bu da bir başka hikâyeyi getirdi.

DAVE THOMAS İLE WENDY'S

"Bir gün Wendy's hamburgerci zincirinin kurucusu olan Dave Thomas'ı ziyaret etmiştim. Mağazalarında yeni menü çeşitlerini nasıl geliştirdiğiyle ilgili konuşuyorduk. Bana başta Wendy's'de salata verilmesini istemediğini, fakat şimdi kendi şirketinde diğer hamburgercilerden çok daha fazla salata satıldığını söyledi.

"Wendy's sandviçlerine koymak üzere çok fazla marul

alıyor ve ortasını -kendi tabirleriyle 'marulun kalbi'ni-atıyorlarmış. Thomas, marul kalplerinden bir şeyler yapmak zorunda olduklarına karar vermiş. Bu kısımların satılıp satılamayacağını merak etmiş. Bunlarla neler yapılabilirdi? O zaman Thomas, bunların salataların önemli bir öğesi olduğunu anlamış."

Hikâyenin mesajı benim için açıktı. Hemen atladım: "Thomas, başka birilerini bu artıkları kullanmaya ikna etmeyi düşünür düşünmez, artıkları kendilerinin kullanabileceğini gördü. Problemle arkadaş oldu ve o sorun problem olmaktan çıktı."

"Tamamen öyle."

"Fakat, bu her zaman doğru olamaz, değil mi? Tabii ki, etrafında dolaşarak yararlı bir işe dönüştüremeyeceğimiz bir sürü problem vardır."

DİCK FOSBURY VE "FOSBURY ATLAYIŞI"

"Doğru," diye yanıtladı, Max gülümseyerek, "bazı timsahlar diğerlerinden daha fazla arkadaş olur. Yine de hepsini tanımak durumundasın. Bu, 'aşılamaz' denebilecek bir problem örneği. Yüksek atlamacı olmak isteyip de dikey zıplama beceriniz yoksa, ne yaparsınız? İşte iğrenç timsah budur!" Bu sonuç, yan tarafıma vurulan bir dirsek darbesiyle desteklendi.

"1960'larda Dick Fosbury isimli birisi vardı. Bu adam, 'Fosbury Atlayışı'nı geliştirmişti. Fosbury, yüksek atlamada çıtayı sırtüstü aşan ilk yüksek atlamacıydı.

Fosbury'yle bir kez karşılaştım. Hatta bana Mexico City'de kazandığı altın madalyayı gösterdi. Ona çıtayı sırtüstü geçme fikrinin nereden geldiğini sordum.

"Fosbury, ortaokulda, çıtayı neredeyse dik bir pozisyonda geçtiğini ve makas-tekmesi atlayışını öğrendiğini açıkladı. Üniversitede antrenörü stilini 'yuvarlanma'ya çevirmişti. Bu stilde, çıtadan önce diz ve omuz geçer ve yüzükoyun yere düşülür. Oysa antrenörünün ilgisi, Fosbury'nin düşey zıplamasının çok iyi olmadığını anlar anlamaz kaybolmuştu. O zaman Fosbury kendi stili makas-tekmesiyle çalışmaya başladı.

"Fosbury, makas-tekmesi stiliyle çıtayı düşürdüğünde, nedenin kalçasının çıtaya değmesi olduğuna dikkat etmişti. Bunun üzerine zıplayınca kalçasını kaldırmayı denemeye karar verdi. Bu geriye yaslanmayla mümkün olacaktı. Kısa süre sonra, öyle çok arkaya yaslanmaya başladı ki, artık atlayışı makas-tekmesi olmaktan çıkmıştı. Böylece tamamen kendisine ait yeni bir stil keşfetmişti."

Max kaşlarını kaldırarak bana baktı. Benim bir sonuç türetmemi bekliyordu.

"Bu kolay görünüyor," dedim, "Fosbury iyi bir zıplayıcı değildi. Bu onu diğer stillerle girişimde bulunmaya zorladı ve bir sonraki probleme ulaştırdı: kalçasını çıtaya değmekten kurtarmak. Sonra yeniden deneylere başladı."

"Bu da doğru. Fosbury'nin ortalama düzeydeki dikey zıplaması onun düşmanıydı. Bu atlayış tekrar onun arkadaşı oldu.

"Öyküyü bitirmeden önce, söz etmeden geçmemem gereken bir nokta var: Fosbury, yeniliklerinin hiçbirini bilinçli olarak planlamamış. Sadece bütün dikkatini önündeki probleme -vücudunun hangi kısmının çıtaya değdiğine- verip bu problemden kurtulmaya çalışmış.

"Bu çok önemli. Çünkü problem-çözme buluşlarının her zaman iyi analiz ya da hesaplamanın zaferi olduğu şeklinde bir izlenim bırakmak istemiyorum sende."

STEVE ALLEN VE TALK SHOW

"Bu son noktanın iyi bir örneği," dedi Max, "Steve Allen'in 'talk show' işine girmesidir. Steve Allen önceleri otuz dakikalık bir radyo programı sunuyor; o programda kafasına göre plak çalıp komedyenlik yapıyordu. Yayın sırasında herhangi bir espri yaptığında, dinleyiciler stüdyodan gelen kahkahaları duyuyorlardı. Gülenler aslında radyo çalışanlarıydı, fakat dinleyiciler bunların gerçekten stüdyoda bulunan dinleyiciler olduğunu zannediyorlardı. Pek çok kişi Allen'in programına katılmayı istiyordu. Allen programına katılmak isteyenlere izin verdi ve kısa süre içinde program sırasında Allen'in etrafında on kadar dinleyici bulunmaya başladı.

"Bu topluluk üzerine radyo istasyonu Allen'in programını daha büyük stüdyoya taşıyıp süreyi elli beş dakikaya çıkardı. Ama Allen'e fazla para ödemeyi kabul etmedi. Allen de gücenerek yeni programlar yazmayı reddetti. Bunun yerine, programa eklenen yirmi beş dakikayı konuk şarkıcı ve müzisyenlere soru sorarak doldurdu.

"Bir gece, beklediği konuk, Doris Day programa gelmedi. Yarım saatlik boş zamanla karşı karşıya kalan Allen şunları söyledi: 'Doris Day gelmediği için, stüdyoya gelen konuklarla konuşacağım.' O kocaman yer mikrofonunu sürükleyerek dinleyicilerin ortasına koydu. Ve birden herşeyin ne kadar komik olduğunu anladı. Her neyse, dinleyicilerle yapılan röportajları programa ekledi. Program o kadar tuttu ki, Hollywood'un gözde yıldızları canlı radyo programına katılmayı talep etmeye başladılar.

"Bir dizi problem (insanların dinleyicileri alacak bir stüdyosu olmayan programa gelmek istemeleri, Allen'in daha uzun program için radyo sahiplerinden ekstra para alamaması, Doris Day'in randevusuna gelmemesi) sayesinde Steve Allen, 'talk show' olarak bilinen programı keşfetmiş oldu.'

"Yalnız şuna dikkat et: Allen'in hiçbir zaman bir şey keşfetme gibi bir niyeti yoktu. Sorunlarını bilinçli olarak analiz etmedi, sadece karşılaştığı problemlerin kendisini yönlendirmesine izin verdi."

Bu noktada aklıma gelen düşüncemi söyledim: "Fakat, Allen problemlerin etrafında beklemeseydi, kendine 'Ters giden şey nedir?' diye sorabilir ve ardından, 'Bazı şeyler yanlış giderse gitsin, ne yapabilirim?' diyebilirdi."

Max ayağa kalkıp çok kibar bir reveransla, ta beline kadar eğilerek, "Öğrenci öğretmenine öğretiyor," dedi.

AÇIK CESARET

Max'i oturtur oturtmaz, problem çözme üzerinde konuşmaya başladı. "Şunu hep hatırla: Geriye baktığında çözümleri çok kolay görürsün. Arada bir, Wendy'nin menüsüne salatayı eklemek gibi çözümleri uygulamak kolaydır. Fakat çoğu zaman çözümleri uygulamak epey cesaret ister. Claude Olney, hazır olmadığı halde oğlunu üniversiteye aldı. Eminim pek çok insan hata yaptığını, oğlunun başarısızlığına zemin hazırladığını söylemiştir. Doris Day'in gelmediği gün, Steve Allen'in dinleyicilerle konuşmasının ne kadar cesaret gerektirdiğini düşün. Ve insanların pıtrağı yeniden yaratmak için yıllarını veren George de Maestral'le ne kadar alay ettiğini. Dick Fosbury'ye ve 'atlayış'ına nasıl güldüklerini.

"Şunu hatırla: Deney yapmak kolay, değişmek zordur. Bu insanların hiçbiri büyük bir vizyonla işe başlayıp o doğrultuda çalışmadı. Bu insanlar amaç belirleyen ya da plan yapan insanlar değil, maceracı insanlardı."

DENEY GEZİSİ

Daha sonra Max, hiç unutamayacağım sözlerin bulunduğu konuşmasını yaptı: "Her şüphe bir deney çağrısıdır. Her deney dünyaya atılan bir sorudur. Her yanıt bir gezidir. Bırak bu geziyi yaşam programlasın. Senin işin ışığı yanına almak ve bir kamera getirmektir."

Sonra "gözlerini dinlendirmek" istediğini söyledi. İtiraz edemedim, çünkü saat sabahın üçünü geçmişti. Max uyurken, söylediklerinden hatırladıklarımı çılgın gibi yazmayı denedim.

13

Bir süre sonra gri bulutların aydınlanması, dışarıda zayıf bir şafağın sökmekte olduğunu bana söyledi. Havaalanının motorlu arabalarından birisi gürültülü biçimde yakınımıza geldi ve arkadaşım uyandı. Havaalanındaki restoranlara yeni bir şeyler getirip getirmediklerini bakmayı teklif ettim. Araştırmamızı sürdürürken, deney yapmanın rehberi olarak üç listeyi kullanma fikrini tekrar ortaya attım. Problem listesini tartışmıştık; onu ikinci listeyi, Çalışma Listesini tanımlamaya zorladım.

YARATICILIK KAFEİNİ

Max hafifçe gülümsedi, doğrusu yorgun görünüyordu. Ona daha sonra, kendini daha iyi hissedince sohbet edebileceğimizi söyledim. "Bana kendimi iyi hissettirecek şey," dedi, "konuşmaktır. Yaratıcılık saf kafeindir. Sırf eğlence olsun diye bir-iki fikir ortaya atalım." Bu cümleyle birlikte, yorgun yorgun yürüyen bir güvenlik görevlisini durdurdu. Güvenlik görevlisine, "Genç arkadaşıma nasıl sihirbazlık yapılacağını göstermek istiyorum," dedi. "Bir şapkadan nasıl fikir çekileceğini göstermek istiyorum."

FİKİR ÜRETİCİSİ

Güvenlik görevlisi Max'in çatlak olduğunu düşünmüş olmalıydı, fakat koridorda yürümekten başka yapacak bir şey olmadığından, omzunu silkip başıyla onaylayarak durumu kabul etti.

Yaşlı, eksantrik adam, güvenlik görevlisine, "Bana şunu söyle" dedi, "yaşamında yaratıcılığı nerede kullanabilirsin? Neyi daha iyi yapabilmeyi isterdin?"

Güvenlik görevlisi yanıt vermedi. Biraz üstüne gidilince de, "Evet," dedi, "bir tane var. İşe geç kaldığımda kullanabileceğim yeni mazeretler bulmak iyi olurdu. Bütün mazeretlerimi tükettim."

İçimden homurdandım, ama Max eğlenmiş gibiydi. Max bir kâğıt ve kalem almamı, güvenlik görevlisine de son kullandığı en iyi mazereti söylemesini istedi.

Güvenlik görevlisi bir çırpıda, "Su ısıtıcısının patlaması," dedi. "Borulardan biri gevşemiş. Birini getirtip tamir ettirmek bütün günümü, sonraki günün bir kısmını da aldı. Hasta numarası yapmama bile gerek kalmadı."

İçgüdülerim yürüyüşe devam edeceğimizi söylüyordu,

fakat Max, ilk maddesi *sıcak su ısıtıcısı* ve *patlama* olmak üzere, kelime çiftlerinden oluşan bir liste hazırlamamı tembihledi. Ardından ikimize birden, bizim ya da iş arkadaşlarımızın kullandığı -aklımıza ilk gelen, iyi ya da kötü-bazı mazeretleri söylememizi istedi.

Sıcak su ısıtıcısının patlaması hikâyesinden tutun, sarhoş yakalanan bir sürücü hakkında polise ifade vermeye, elbisesi fermuarına sıkıştığı için işe iki saat geç gelen kadına ya da elinden kurtulan köpeğinin trafiği yoğun bir caddeye koşan adama kadar, on bir mazeret sıralayıncaya kadar bir liste yaptırdı.

Sonuçta eş ifadelerden oluşan bir liste ortaya çıkmıştı. Max bu listeyi, 2 ile 12 arasında olmak üzere numaraladı. Sonra bize listeyi göstererek, "Hiç fena değil," dedi, "fakat Tabasco da yok. Bir de iki çift zar bulursanız, hareket başlayacak."

"İşlem şu: Zarları atın. Diyelim, on bir ile dokuz geldi. Bunlar yeni mazeretinizin karakterleri ve olayları olacaktır."

On bir numaradaki "Yaşlı teyzem aradı" mazeretinin ilk yarısı ile dokuz numaradaki "Köpek, trafiği yoğun caddeye yürüdü" mazeretinin ikinci yarısını birleştirdi.

Max devam etti: "Böylece, 'teyze' ile 'yoğun trafiğe yürüme'yi alıp bir hikâyenin temelini oluşturursunuz. Şöyle diyebilirsiniz: 'Yaşlı teyzemin komşusu telefon etti. Teyzem arabalara aldırmaksızın caddenin ortasına doğru yürümeye başlamış. Komşusu evine geri getirmiş, acele oraya gitmek zorunda kaldım ve annem gelinceye kadar ayrılamadım.'"

Bizim bir çift zarımız yoktu. Bu nedenle Max bizden

sayı çiftlerini rastgele seçmemizi istedi. Çıkan sayıların bazıları bize acayip hayaller kurdurdu -örneğin, eş ve ağaçta mahsur kalmak gibi. Bazıları ise iğrençti -köpek ve patlama gibi.

Max listeyi güvenlik görevlisine vererek oturumu özetledi ve şunları söyledi: "Patronuna 'Bu doğru olmalı-hiç kimse böyle mazeret uyduramaz' dedirtecek hikâyeler yazdığın zaman, fikir üretme tekniğinde ustalaştığını anlayacaksın."

FİKİR HASADI

Tekrar yürümeye başlar başlamaz, Max bana baktı ve sordu: "Bundan ne öğrendin?"

"Yolunu biliyorsan, çok çabuk yeni fikir üretebilirsin."

"Güzel. Peki, yeni fikir için kullanacağın kaynak materyal neydi?"

"Eski fikirler."

"Çok doğru. Yeni fikirler, yeni yerlerindeki eski fikirlerdir. O mazeretlerin bazıları korkunçtu, değil mi? Fakat bu bir şey değiştirmedi -en iyi gübre, en kötü kokan pislikten olur." Sonra kendi kendine güldü. "Bunun doğru olup olmadığını bilmiyorum, fakat mantıklı geliyor, değil mi?"

Max devam etti: "Öyleyse, etrafı kollayıp fikirleri yakalayacağız, tıpkı ormanda yürürken yabani çilek toplamak gibi. Şimdi daha fazlasına hazır mısın?

Daha önce yaptığımız bir tartışmayı hatırlatarak

konuşmaya başladı: "Yaptığın şeylerle ilgili bir listeden bahsederken, sana bu listeyi çok ayrıntılı hazırlamanı önerdiğimi hatırladın mı?" Ona hatırladığımı söyledim.

"Çoğu kimse," diye açıkladı, "kendi mesleğini çok dar tanımlar. Bir kimse, şehrin en iyi mühendislik becerilerine sahipse, kendini en iyi mühendis kabul eder. Fakat büyük bir mühendis olmak, mesleğinin teknisyeni olmaktan çok farklıdır. İyi mühendis olma, fikir satma becerisini, insanlarla çalışmayı, toplantı yönetip aptalca toplantılardan kaçmayı ve buna benzer yüzlerce beceriyi gerektirir.

"Bunun için bütün görevlerin bir listesini tutmak önemlidir. Sonra mesleğini yeniden tanımlamalı ve listeni genişletmelisin."

MUHAMMED ALİ

"Pekâlâ. İlk örnek, Muhammed Ali. O iyi bir boksördü, fakat her zaman onun gibi yüzlercesi olmuştu. Muhammed Ali nasıl dünya çapında bir kahraman olmuştu? Bu, boksörlüğün sadece yumruk sallamak değil, aynı zamanda seyirci toplamak olduğunu anladığı gün başladı. Muhammed Ali'nin Larry King'le yaptığı ve nasıl medyatik bir kimse olduğunu anlattığı söyleşiyi hiçbir zaman unutmayacağım.

"Ali'nin ilk profesyonel maçlarından birisi Louisville'deydi. Maçtan birkaç gün önce, sporla ilgili yerel bir talk showa katılmıştı. Aynı programda, Ali'nin maçından bir gün sonra güreşi olduğu için şehirde bulunan

Muhteşem George da vardı.

"Ali, kendisine sorulan sorulara oldukça kibar ve diplomatik yanıtlar veriyordu. Bunlar, her zamanki gibi, 'Elimden geleni yapacağım' türünden yanıtlardı. Sonra sunucu, güreşçi Muhteşem George'a maçla ilgili bir soru sordu. O da bağırmaya başladı: 'Onları öldüreceğim! Cumartesi gecesi Louisville'e kötülük, belâ ve şiddet getireceğim!'

"Ali maçını yaptı ve kazandı. Fakat, kendisini izlemeye dört bin seyirci geldiği halde, Muhteşem George'a on üç bin kişi geldiğini farketti.

"İşte ondan sonra Ali garip davranışlara başladı. Kısa süre içinde, rakibini nakavt edeceği raundu tahmin etmeye, rakipleriyle alay etmeye ve ne kadar güzel olduğunu söylemeye başladı. Başka bir deyişle, güreş sporunun şovmenliğini boks sporuna taşıdı."

Max, Ali'nin öyküsünü şu şekilde özetledi: "Ali, mesleğini geniş biçimde tanımlayacak ve diğer sporculardan ders almanın gerekli olduğunu anlayacak kadar akıllıydı."

Hemen ardından Max, dikkatini bir sonraki adıma çevirdi: Eski görevler listesini, yeni denemeler listesine dönüştürmek. "Güvenlik görevlisiyle yapmış olduğumuz alıştırmanın nedeni, fikirleri yeniden birleştirmenin zevkini sana göstermekti. Bu tür yaratıcılık hilelerini fikir üretmek için kullanırdım. Belki denemek isteyebilirsin. Diğer taraftan, yapmak istediğim şey, yaptığın şeylerin listesini alıp bir tarafa, bütün dünyayı da diğer tarafa koymak."

60 DAKİKA

Max beni büyüleyen bir başka örneğe geçti. Televizyondaki *60 Minutes* isimli programı her zaman severek izledim. Max bana bu programın nasıl ortaya çıktığını anlattı.

"Program yapımcısı Don Hewitt yeni bir program ortaya çıkarmaya çalışıyordu. Hewitt, televizyonda adeta elektronik bir gazeteye benzeyen gece haberleri ile bilimsel kitaplara benzeyen belgesellerin varlığını farketti. Ama magazine benzeyen bir şey yoktu. Onun düşüncesi televizyonda 'magazin' yapmaktı. Senin de tahmin edebileceğin gibi, bu düşünce kafasına takılınca, zamanının bir kısmını programı nasıl başaracağına ilişkin fikir toplama amacıyla magazin raflarında harcamaya başladı."

"Bu bizim mazeret bulma alıştırmamıza benziyor," dedim, "magazin dergileri ile televizyonun biraraya getirilmesi."

"Tamamen öyle. Her zaman yapılan bu zaten. 'Tabloid televizyon'umuz -tabloid gazeteler ile televizyonun biraraya gelmiş hali- var. Aynı zamanda televizyon stilinde gazeteler -özellikle *USA Today*- var. Senin bütün yapacağın, ne geliştirmek istediğine karar vermek ve ödünç fikirler almak amacıyla etrafı araştırmak."

YENİLİK SPİRALİNİ HAREKETE GEÇİRME

Daha sonra, başkanların ve üst düzey yöneticilerin

danışmanı Max Elmore dikkatini benim küçük işime çevirdi. "Daha önce yaptığın işlerden birinin rapor yazmak olduğunu söylemiştin. Bunu söyler söylemez, bu konuda üzerinde çalışacağın bazı şeyler var. Raporlarını yazmasaydın ne olurdu? Raporun çarpıcı yanlarını bir kasete kaydetseydin? Raporu bir bilgisayar disketine kaydetseydin? Rapor ettiğin verileri, yapabileceğin başka ölçümleri, diğer firmaların raporlarını nasıl yazdıklarını, Japon firmalarının bu işi nasıl yaptığını, Almanların nasıl yaptığını öğrenseydin? Öğle yemeği saatini kütüphanede kitap ve magazin yazarlarının verilerini nasıl rapor haline getirdikleri üzerinde çalışarak geçir. Bunu yaparsan, Bayan Şans ile bir öğle yemeği yiyor olursun.

"Fikirlerin başka fikirleri çekmesi konusunu unutma. Birkaç öneriyi biraraya topla, bazı örnekler oluştur ve bunları raporunu okuyacak kişilere götür. Onlara rapordaki fikirlerden birini beğenip beğenmediklerini sor. Bunu kendilerine sormandan hoşlanacak ve sana yeni önerilerde bulunacaklardır.

"Onlara gidip de, 'Bu raporu sizin lehinize daha da geliştirmek için başka ne yapabilirdim?' diye sorarsanız bir cevap vermeyebilirler. Fakat süreci başlatırsanız, buna bir biçimde yanıt vereceklerdir. Size, 'Rapor bu haliyle uygun' diyen aynı kişiler, birdenbire pek çok öneride bulunacaklardır. *Insanların çoğunun fikri yoktur, ama önerileri vardır."*

14

İkinci listeden sonra sıra üçüncüye, Hatalar Listesi'ne gelmişti. Max son liste düşüncesi söz konusu olduğunda gülümsedi. "Bu listeyi sona saklamalısın. Çünkü ileri düzeydeki öğrencilere ayrılır. İlk iki listede çalıştıktan sonra buna gelin. Dikkatinizi hatalarınıza çevirdiğinizde, duygu, utanç ve kızgınlıklarınızı bir yana bırakmak zorundasınız.

"Joseph Campbell, bir samuray savaşçısının, kendi derebeyinin katilinden intikam almak istemesi hakkında bir öykü anlatırdı.

"Savaşçı katilin izini bulmuş ve son ölümcül darbeyi indirmek üzere samuray kılıcını kaldırmış. Tam o sırada katil samurayın suratına tükürüvermiş. Bunun üzerine, samuray kılıcını kınına sokmuş ve başka bir zaman tekrar gelmek üzere çekip gitmiş."

Tüm bunlar bana anlamsız gelmişti.

"Çekip gitmiş," diye açıkladı Max, "çünkü kızmış ve

öldürücü darbeyi kendi kızgınlığı yüzünden indirecekmiş. Bunun yerine, bekleyip tekrar gelmeyi tercih etmiş. Böylece ölüm darbesi, kişisel bir hesaplaşmadan dolayı olmayacakmış. İşte bu, hatalarına duygulardan bağımsız olarak bakman gerektiğinin bir örneğidir."

Tam fikir-türetme sürecini anladığımı sandığım bir anda, Max bu öyküyle kafamı karıştırmıştı. Şaşkınlığım üzerine bir daha açıkladı.

"Senin eğilimin, hatalarını örtmeye yöneliktir. Oysa hatalarını farkedip onları inceleme disiplinine sahip olmalısın. Utangaç ya da çekingen davranamazsın. Bunun için, samuray gibi daha sonra tekrar gelmelisin.

"Eninde sonunda, aptalca bir şeyler yapman söz konusu olacaktır. Belki bilgisayarındaki dosyalarından birine bir şifre verecek ve sonra bu şifreyi unutacaksın. Daha sonra kendine ve yazılım şirketine olan kızgınlığın geçince, belki unutulan şifrenin tekrar öğrenilmesini sağlayacak küçük bir program geliştireceksin. Sadece bu tür programları yazıp pazarlayan birisiyle karşılaşmıştım.

"İşte sana güzel bir fikir. Naida Axford isminde, Phoenix yakınlarında avukatlık bürosu olan bir bayan arkadaşım var. Ofiste birisi yanlış bir şey yaptığı zaman, çalışanlar birbirlerine 'yapıştırmaları hatırlayın' şeklinde bir uyarı yapıyordu. Bu, ofisteki herkese, 3M şirketindeki güçsüz zamkın nasıl bir endüstriye dönüştüğünü, onlara yararlı bir şeyle tökezlenip tökezlemediklerini anlamak için hatalarına bakmayı hatırlatacaktı. Şu ifade herşeyi söyler: Yararlı bir şeyle tökezlenmek.

"Hazır ol, arkadaşım: Şimdi söyleyeceklerime alışman biraz zaman alabilir. Belki bir ay, belki bir yıl, belki de on yıl sürebilir.

"Problemlerinle dost olursan, onların problem olmaktan çıkacağı konusunda daha önce anlaşmıştık. Bir probleme yeterince dalarsan, problemin öbür tarafından yani, anti-problem tarafından çıkarsın. Olaya heyecansız ve sakin bir gözlükle bakarsan, yapılan hata sadece başka bir problem doğurur. Aynısı başarısızlıkta da geçerlidir: Sadece büyük bir problem doğar. Başarısızlığa iyi dalarsan, başarısızlığın öbür tarafından, yani anti-başarısızlık tarafından çıkarsın."

Bir elini kulağına kapattı. "Şunu duydun mu? Bir elin alkışlamasına benziyordu." Ve bir kez daha kocaman kahkahasından attı. "Bir gün iyi bir samuray olacaksın, sana söz veriyorum."

SABAHI SABIRSIZLIKLA BEKLEMEK

O sırada güvenlik görevlisi, birlikte yaptığımız mazeretler listesiyle birlikte geri geldi ve havaalanının açılmak üzere olduğunu, şimdi harekete geçersek bilet kontrol kuyruğunda fazla beklemeyeceğimizi söyledi.

Max, kendi uçuş kapılarımıza yönelmeden önce, veda tavsiyesini yaptı: "Sana eğlenceli deneyler dilerim. Fikirlerini zenginleştir. Mümkün olan herşeyi dene. Yarın bugün olduğundan daha farklı ol. Sabahı sabırsızlıkla bekleyen mutlu savaşçılardan biri ol."

SONSÖZ

O veda konuşması, bundan yaklaşık beş yıl önce yapıldı. O günden sonra, kendisini görmediğim halde Max'le birçok kez konuştum. Max Avustralya yakınında bir adada yaşıyor. Onun orada, Pasifik'te bir yerlerde, yeni deneyler yaparken fotoğrafını çekmek istiyorum.

Bu kitabı, kendisiyle her konuştuğumda hatırlattığım gibi, Max Elmore'un kendisi yazmalıydı. Oysa onun yanıtı hep şöyle oldu: "Dikiz aynasına bakarak çok zaman geçirdim." Yine de ısrar ettim ve sonunda, "Sen yaz," dedi. Bunun üzerine o karlı Mayıs gecesi tanıştığım adama bir armağan olarak bu kitabı kaleme aldım.

Kendimi inanılmaz bir başarı örneği olarak göstermeye çalışmıyorum. Fakat merak edecek insanlar için, o geceden sonra kariyerimdeki gelişmeleri anlatmak isterim.

Eve dönerken uçakta, Max'in önerdiği listeleri yaptım. Max haklıydı: İşime ilişkin herşeyin, benim ya da arkadaşlarımın karşılaştıkları problemlerin listesini yapmaya devam ettikçe, deney yapma fikirlerini ortaya çıkarmak çok kolay oldu. Farklı görünmeye başlar başlamaz, fikirleri her yerde görmeye başladım. Sözgelimi, Sam Walton'un otobiyografisini okudum ve sadece bu kitaptan onlarca fikir çıkardım. *Walt Disney: An American Original* adlı kitaptan da yine onlarca fikir aldım. Şimdi her roman, her televizyon programı, hatta her reklam bir yenilik kaynağı olabiliyor. Kendi kendime, "Ortaya koydukları yeni eşleştirmeye bak. Fena değil," diyorum.

Her gün bir önceki günden farklı olma aşamasına gelemediğim halde, sürekli bir deney sürecinin parçasıyım. Aslında, deneylere başlar başlamaz, fikirler birbiri peşi sıra sökün etmeye başladı.

Chicago'daki o geceden sonraki birkaç haftada, değerli bilgilere sahip, yapıcı ve işbitirici bir kimse olarak ün kazanmıştım. Bu ünü haketmiştim. Çünkü fikirler benden adeta taşıyordu. Yetişkin yaşamımda kendimde ilk kez bir canlılık hissediyordum. Tüm bunlar şöyle gerçekleşti:

Hiçbir özelliği olmayan işime, şirketin memuru olarak geri döndüm. Fakat, her öğle yemeğinde amirime gayriresmi olarak sunduğum bir fikirler listesiyle gittim. Ona hiçbir zaman çalışmakta olduğum bölümü değiştirmek istediğimi söylemedim. Sadece bazı *deneylerin* yararlı olabileceğini düşündüğümü söyledim.

O da benden aldığı fikirlere kendi birkaç fikrini ekleyerek, kendi amirine iletti. Birden amirim beni, denetmenlerini etkilemesine yardımcı biri gibi görmeye başlamıştı. İki ay içinde, sadece benim için oluşturulan "Özel Projeler" bölümünün yöneticisi olmuştum. Başka bir deyişle, bütün zamanımı deney yapma işine ayırma görevini üstlenmiştim. Eski arkadaşlarım hâlâ aynı raporları yazmakla uğraşırken, ben şirketin üst düzey yöneticileriyle toplantılar yapıyor, ve şirketin nasıl daha iyi hale getirilebileceği konusunda onlarla tartışıyordum. Sık sık tüm ülkeyi gezip yeni fikirler arıyor, inanılmaz bir hızla yeni şeyler öğreniyordum. Sıradan bir iş yapmak yerine, olağanüstü bir iş yapıyordum.

Sonunda kendi danışmanlık şirketimi kurdum. Dünyada sivrisineklerden daha fazla danışman olduğunu ve bazı problemleri başkalarından farklı çözebileceğimi biliyordum. Böylece, müşterilerime hizmet olarak sunabileceğim yedi özellik ortaya çıkardım. Bilin bakalım, ne oldu? Bunların altı tanesi işe yaramadı. Fakat yedincisi tuttu ve kısa süre içinde onlarca şirketten proje almaya başladım.

Deney yapmayı hiçbir zaman bırakmadığımız için gurur duyuyorum. Müşterilerimiz de deney yapmayı sevdiğimizi bildiğinden, bize yeni bir şey denemek istedikleri zaman geldiler. Bu yenilikçi projeler bitirildiği zaman, müşterimize, yaptığımız şeye ilişkin, onun ismini de belirterek bir makale yazmayı öneriyor ve böylece ticaret gazetelerinin dikkatini çekiyorduk: bedava reklam.

Şirkette çalışanlar, onların fikirlerini öğrenmek istediğimi bildikleri için paylaşmaya can atıyorlardı. Çalışma koşulları nedeniyle hiçbirinin performansı azalmıyordu. Çünkü şirketteki hiçbir şey sabit değildi. (Birbirimize sık sık, "mükemmelliğin eskimenin ilk aşaması" olduğunu hatırlatırdık.)

"Timsahlarla arkadaş olma"nın değerini bile anlamaya başlamıştım. Sonunda "anti-problem" ve "anti-hata" fikirleri de anlam kazanmaya başlamıştı. Yeni ve büyük bir müşterimiz için hazırladığımız bir projenin programını iyi yapamadığımı ortaya çıkarma gibi bir iş felaketini, artık kendimizi test etme şansı olarak görüyoruz. Bir projenin teslim tarihini kararlaştırırken, bir aylık hata yaparak takvimi yanlış okudum ve raporu normal süresinden bir ay önce -normal süre olan on iki hafta yerine, sekiz haftada- teslim etmeye söz verdim. Olamaz mı? Eski hileler bir ya da iki hafta kazandırabilir, fakat, hepsi o kadar. Oysa biz iki aşamayı birleştirip tek bir aşama haline getirdiğimizde, iki ya da üç hafta kazandık. Böylece sadece verdiğimiz tarihte bitirme sözünde durmuş olmadık, aynı zamanda gelecekte yapacağımız projelerde nasıl zaman tasarrufu yapacağımızı da öğrendik.

Hayır, size kişisel bilgisayarlar ya da mikrodalga fırınlarla kıyaslanabilecek şahane fikirlerim olduğunu söyleyemem. Bunun yerine, şirketimizin yüzlerce küçük fikri kullanarak kendi endüstrimizde lider durumuna geldiğini söyleyebilirim.

Geriye baktığımda, bir gecede, bunalımlı, yorgun bir durumdan enerji dolu bir duruma geldiğimi görüyorum. Gerçekten bir gecede -O'hare'deki o gecede. Ve o halimi bugüne kadar korumayı başardım.

Şimdi kendimi mutlu bir savaşçı, bir değişiklik savaşçısı olarak hayal ediyorum. Belki siz de bana katılmak istersiniz. Bugün. Burada. Şimdi. Sadece şunu aklınıza getirin: Değişim zor, deney yapmak kolaydır.

TEŞEKKÜRLER, KAYNAKLAR VE OKUMA ÖNERİLERİ

Alçak gönüllü olmayı öğrenmek, pazar araştırması işinde yıllarca çalışmanın bana getirdiği avantajlardan biridir. Çoğu kez, değerlendirmem için yeni bir ürün ya da reklam kampanyası verildiğinde, kendi kendime, "Vuav! Ne aptallık! Başarılı olmayacağı belli bu şeyi test ettirmek için sahiden para mı verecekler?" diye düşünmüşümdür. Bunlar hiçbir zaman yılın en parlak olayı olmuyor. Piyasada kazananlar için yaptığım tahminlerde de aynı durumla karşılaşıyorum. Benim için, Fats Waller'in sözünü kabul etmek kadar doğal bir şey yok: "Kimse bilemez, değil mi?"

Bu ruh haliyle haftalık bir gazetede köşe yazıları yazıyorum. Her hafta, benim ve umarım köşemi okuyanlar için küçük bir maceradır. Aldığım yol boyunca, bazı şeyleri farklı ve ilginç yapan kimselerle tanışma şansını hiç kaçırmadım. Bu farklı ve ilginç kimselere ilişkin bu kitapta birçok öykü verilmiştir: Jean-Pierre Rampal, Claude

Olney, Dave Thomas, Dan Schweiker, Dan Cooper, Stephen Cuomo, David Wing, Naida Axford, John Kuslick, Steve Allen ve Dick Fosbury'ye bana ayırdıkları zaman ve verdikleri bilgiler için çok teşekkür ederim.

Bana anlatılan yenilikçi öykülere ek olarak, yaklaşık yirmi yıldır öykü topluyordum. Bu kitabı yazarken bu kolleksiyondan büyük ölçüde yararlandım. Kaynaklar listesini hazırlarken, okumak için ekstra materyal isteyen kişilere gönül rahatlığıyla önerebileceğim aynı kitaplar olduğunu gördüm.

Bu kitabı en çok etkileyen çalışma, Hawthorne deneyleri hakkındaki klasik değerlendirme olan, F. J. Roethlisberger, William J. Dickson ve Harold A. Wright'ın kaleme aldıkları *Management and the Worker*'dır. İlk olarak 1939'da yayınlanan bu kitabın benim okuduğum yeni baskısı (üç kütüphaneyle ilişkiye geçerek elde ettim), Harvard University Press tarafından 1961'de hazırlanmıştır.

Bu kitapta sözü edilen üç yazar ve/veya kitaplar şunlardır: Burton Malkiel, *A Random Walk Down Wall Street* (Norton, 1990); P. Ranganath ve John M. Ketteringham *Breakthroughs* (Rawson Associates, 1986); John C. Mowen *Judgement Calls* (Simon and Schuster, 1993). Son iki kitap benim "başarı piyangosu" diye adlandırdığım düşüncemi geliştirmekle kalmadı; Dr. Mowen'le görüştüğümde, onun beni, ölü hastasının göğsüne yumruk atan Dr. Don Cooper'la tanıştırmasını da sağladı.

İlk kez karşılaştığım yenilik öyküleri ise şu kitaplarda yer alıyordu:

Apple bilgisayarları hakkında, Robert X. Cringely, *Accidental Empires* (Addison Wesley, 1992); *60 Minutes* için

Mike Wallace ve Gary Paul Gates, *Close Encounters* (William Morrow, 1984); Orson Welles için, Jack Parr, *My Saber Is Bent* (Simon and Schuster, 1961); Samuray öyküsü için, Joseph Campbell, *The Power of Myth* (Doubleday, 1988); Muhammad Ali için, Larry King, *Tell It to the King* (Putnam, 1988).

Coca-Cola gibi herkesin bildiği ürünlerin geliştirilmesi öyküleri her yerde, çoğunlukla şirketlerle ilişkili literatürde bulunur. Ürünlere ilişkin öyküler konusunda yararlı bulduğum iki kaynak şunlardır: Jack Mingo, *How the Cadillac Got Its Fins* (Harper, 1994) ve çocuklar için çok çekici olan Steven Caney, *The Invention Book* (Workman, 1985).

Elinizde tuttuğunuz kitabın ortaya çıkmasına gelince, bunun için teşekkür etmem gereken çok sayıda insan vardır. İlkin, bana gazetede köşe yazısı yazma ve bu yazıları sürdürmemde yardımcı olan kimselere candan bir teşekkür borçluyum. Çalışmam için beni ilk kez teşvik eden Jim Fickess'e teşekkür ederim. Köşe yazılarımı gazeteye göndermeden önce okuyan ve uyarlayan büyükşehir editörlerine, özellikle *St. Louis Post-Dispatch*'den Phil Gaitens'e, *Minneapolis Star-Tribune*'den Larry Werner ve Randy Salas'a, köşe yazılarımın King Features aracılığıyla gazetelere gitmesini sağlayan John Genzale ile Richard Heimlich'e çok teşekkür ederim. Ayrıca bana yazıp telefon etmeye zaman ayıran binlerce okuyucuma teşekkür ederim. Onların tepkileri sayesinde bu kitabı yazma cesaretini bulmuşumdur.

Beni, kitabın müsveddelerini William Morrow and

Company'de Henry Ferris'e götüren Margret McBride Literary Agency'nin sahibi Margret McBride'la tanıştıran, *1,001 Ways to Reward Employees* (Workman, 1994) isimli güzel ve pratik kitabın yazarı Bob Nelson oldu. Henry, Margret ve onun asistanları Kimberly Sauer ile David Fugate kitabı daha iyi bir metin haline getirdiler. Onların katkıları olmaksızın bu son biçim ortaya çıkmazdı.

Son olarak, kitabın ana başlığını öneren Sara Harrell ile benimle fikirlerini paylaşan ve/veya kitabın ilk baştaki müsveddelerini okuyup geliştiren şu kişilere sonsuz teşekkürlerimi iletmek isterim: Joel Dauten, Jim Fickess, Mark Nelson, Ted Dunham, Lloyd Murphy, Mary Baroni, Tom Hendrick, Ray Karesky, Dan Schweiker, Edvard Richards, Jeanne Winograd, Len Harris, Mark Quale, Steve Patchen, Fred Brownfeld, Sandy Dauten ve Roger Axford.